VÉRIFICATION

DU

REVENU NET IMPOSABLE

ET DE LA

VALEUR LOCATIVE

Pour lesquels la Gare et l'Arrière-Gare de Paris

DES CHEMINS DE FER

DE

PARIS A LYON ET A LA MÉDITERRANÉE

SONT COMPRISES DANS LES RÔLES DE 1861

de la Contribution foncière et de la Contribution
des Patentes.

VERSAILLES

IMPRIMERIE CERF, RUE DU PLESSIS, 59

1863

VÉRIFICATION

DU REVENU NET IMPOSABLE ET DE LA VALEUR LOCATIVE POUR LES-
QUELS LA GARE ET L'ARRIÈRE-GARE DE PARIS, DES CHEMINS DE FER
DE PARIS A LYON ET A LA MÉDITERRANÉE, SONT COMPRISES DANS
LES RÔLES DE 1861 DE LA CONTRIBUTION FONCIÈRE ET DE LA CON-
TRIBUTION DES PATENTES.

VÉRIFICATION

DU

REVENU NET IMPOSABLE

ET DE LA

VALEUR LOCATIVE

Pour lesquels la Gare et l'Arrière-Gare de Paris

DES CHEMINS DE FER

DE

PARIS A LYON ET A LA MÉDITERRANÉE

SONT COMPRISES DANS LES RÔLES DE 1861

**De la Contribution foncière et de la Contribution
des Patentes.**

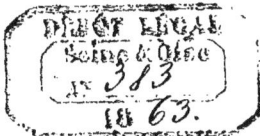

VERSAILLES

IMPRIMERIE CERF, RUE DU PLESSIS, 59

—

1863

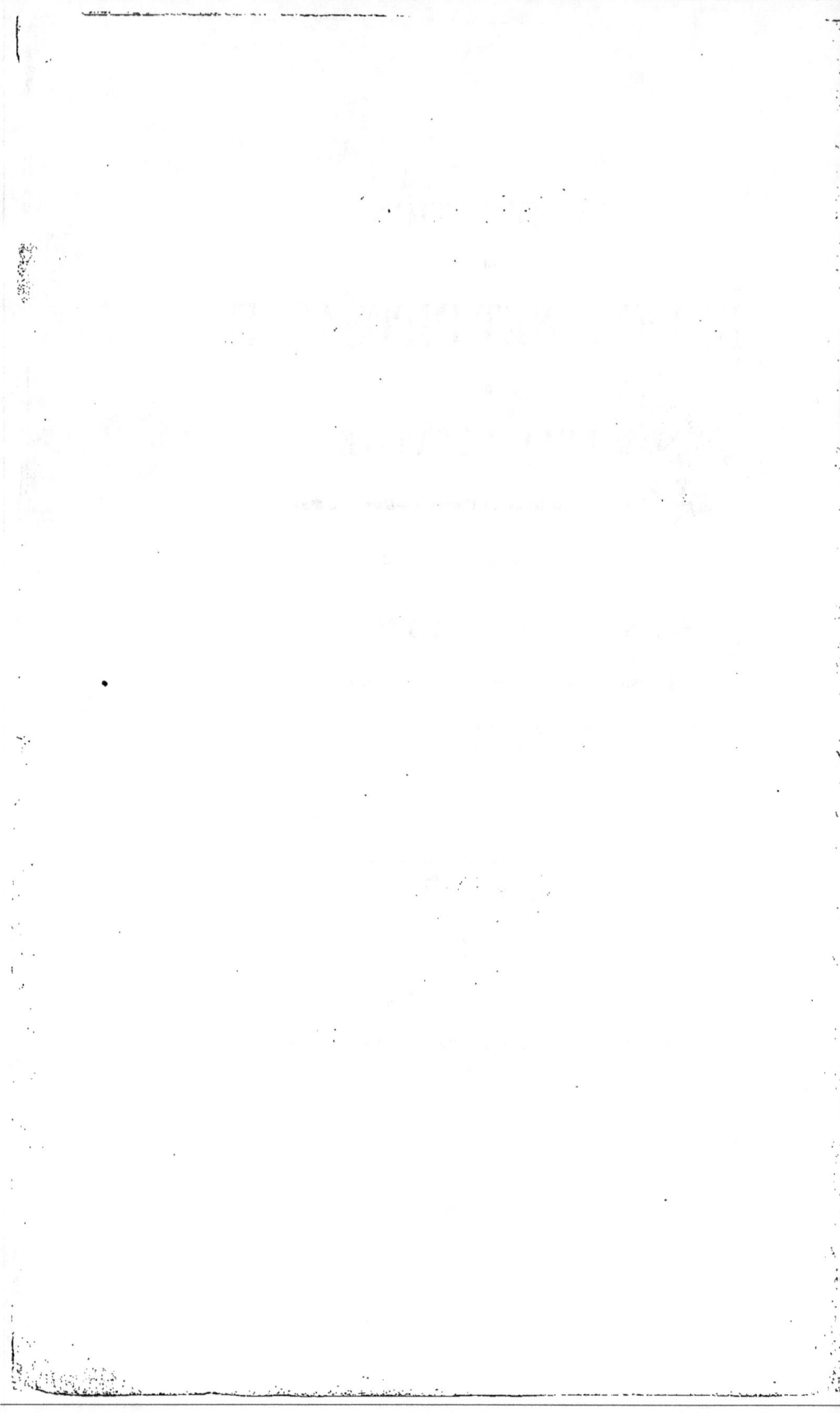

VÉRIFICATION

Du Revenu net imposable et de la Valeur locative pour lesquels la gare et l'arrière-gare de Paris, des chemins de fer de Paris à Lyon et à la Méditerranée, sont comprises dans les rôles de 1861 de la contribution foncière et de la contribution des patentes.

Les contributions foncière et des patentes établies sur les gares de Paris des chemins de fer de Paris à Lyon et à la Méditerranée augmentaient annuellement sans que la compagnie pût obtenir des agents de la direction des contributions directes communication des bases d'après lesquelles étaient établies ces contributions.

Elle prit le parti de former, en 1861, des demandes en réduction de contributions, espérant qu'elle pourrait, par ce moyen, obtenir la communication qu'elle désirait avoir.

Le chef du contentieux de la compagnie adressa à cet effet, le 16 mai 1861, à M. le directeur des contributions directes de la Seine, une lettre qui est résumée dans la lettre ci-après, écrite le 22 mai par ce fonctionnaire au directeur de la compagnie :

« Monsieur le Directeur,

» Par une lettre en date du 16 mai courant, le chef
» du contentieux de la compagnie du chemin de fer de
» Paris à Lyon m'a demandé divers renseignements con-
» cernant l'estimation cadastrale des immeubles que
» votre société possède dans le département de la Seine,
» me faisant entrevoir que s'il résultait de ces renseigne-
» ments la preuve de la régularité des impositions de-
» mandées à la compagnie, on consentirait à retirer tout
» ou partie des réclamations déjà transmises à l'autorité.
» ....Je m'empresse de vous faire observer que les
» renseignements demandés se trouvent entièrement
» consignés sur la feuille des contributions délivrée an-
» nuellement aux contribuables; que les chiffres inscrits
» sur ces feuilles sont les seuls *officiels;* qu'ils ont été
» établis sur les renseignements donnés par les ingé-
» nieurs de la compagnie ; qu'enfin depuis six ans ils
» n'ont été l'objet d'aucune contestation et servent de
» base à l'impôt. »

Les motifs donnés par M. le directeur ne sont pas complètement exacts.

La contribution foncière de la gare de Paris, non comprise l'arrière-gare de Bercy, est établie, pour 1861, sur
un revenu net imposable de 198,300 fr.

Cette somme comprend le revenu net imposable de
39 bâtiments plus celui de la surface de la gare. D'après
les réglements chaque bâtiment forme une parcelle, et
chaque parcelle doit avoir son revenu net imposable
Chacun de ces revenus nets imposables doit être porté,
avec le numéro de la parcelle, sur la matrice cadastrale
qui, étant arrêtée par le Préfet, est une pièce officielle.

Le total de l'article de la matrice cadastrale de chaque propriétaire doit être porté sur son avertissement. Ce chiffre de l'avertissement n'est donc pas le seul officiel, comme le dit M. le directeur, c'est la réunion de plusieurs chiffres officiels.

A Paris chaque bâtiment a un article particulier dans le rôle.

Mais il paraît qu'on s'est écarté de ces sages dispositions pour les chemins de fer ou, au moins, pour celui de Paris à Lyon. Au lieu de porter séparément dans la matrice et dans le rôle le revenu net imposable de chaque bâtiment, on a fondu tous les bâtiments dans cette grande masse de 198,300 fr. qui comprend aussi la surface de la gare, et on y amoncelle tous les ans les nouvelles constructions. Pour 1862 on l'a augmentée de 1890 fr. et portée à 200,190 f. De sorte que tout se trouve confondu dans ce gouffre : bâtiment des voyageurs, bureaux, halles de chargement et de déchargement, remises de voitures, rotondes de locomotives, ateliers de réparations, habitations, magasins, corps de garde, bureaux de douane, bureaux d'octroi, etc., etc., ce qui rend les vérifications impossibles. Si chaque bâtiment avait son revenu net imposable, comme le veulent les règlements, on pourrait se rendre compte de la manière dont l'impôt est établi et s'assurer s'il n'y a pas d'erreur.

Mais si les évaluations de chaque bâtiment ne se trouvent ni dans la matrice cadastrale, ni dans le rôle, est-ce à dire qu'elles n'existent pas? elles sont sur les carnets des contrôleurs et sur ceux des commissaires répartiteurs. Seulement la compagnie n'a pu y opérer ses vérifications parce que, d'après M. le directeur, ce ne sont pas des pièces officielles. Mais alors pourquoi M. le directeur n'a-t-il pas fait dresser les pièces officielles, la matrice cadas-trale, ou, à défaut de la matrice, le rôle, bâtiment par bâtiment, ainsi que le prescrivent les règlements? Si, par un motif quelconque, le contrôleur n'a pas rempli le de-voir qui lui était imposé, s'il n'a pas converti en une pièce officielle le carnet qui n'en est que la minute, au moins faut-il qu'il communique cette minute, afin que le contribuable ne soit pas privé du droit de vérifier les bases de son impôt.

. Lorsqu'il s'agit de la confection d'un nouveau cadastre les règlements prescrivent de communiquer les résultats des diverses opérations au fur et à mesure qu'elles sont terminées : les contenances, le tarif des évaluations, le classement des propriétés, le revenu net imposable de chaque parcelle, afin que les contribuables puissent en prendre amplement connaissance. Doit-on se montrer moins soucieux des intérêts des contribuables lorsqu'il s'agit de l'imposition des bâtiments d'exploitation des chemins de fer ?

Ces observations s'appliquent en partie à la valeur lo-cative servant de base au droit proportionnel de la taxe de patente qui s'élevait en 1861, pour la gare de Paris, non comprise l'arrière-gare de Bercy, à 359,600 fr. et qui a été portée pour 1862 à 369,800 f. ; car s'il n'y a pas obligation de rédiger, pour cette contribution, une matrice qui fasse connaître la valeur locative attribuée à chaque bâtiment, les agents de l'administration ont néanmoins établi ces valeurs locatives bâtiment par bâtiment. La valeur locative, portée dans le rôle, seule officielle d'après M. le directeur, est la réunion de toutes ces valeurs loca-tives partielles, et si elles ont été exactement établies, les agents de la direction, en s'inspirant de cet esprit de bienveillance et de conciliation qui leur est recommandé par leur administration, ne doivent pas hésiter à les communiquer aux contribuables qui en font la demande, afin qu'ils puissent vérifier si leur taxe est régulièrement établie.

Quant à cette allégation, que les chiffres inscrits sur les avertissements ont été établis sur les renseignements fournis par les ingénieurs de la compagnie, elle est inexacte ainsi que le démontrent amplement la manière dont les valeurs locatives ont été établies à raison de 20 fr., de 15 fr., de 10 fr., de 8 fr., de 5 fr., de 4 fr., etc. par mètre superficiel, suivant la nature des bâtiments ou des parties de bâtiments, ainsi que les mémoires des entrepreneurs qui restent bien au-dessous de ces chiffres qu'on prétend avoir été fournis par les ingénieurs de la compagnie.

L'administration, par son refus de donner communication à la compagnie des bases d'après lesquelles ses contributions sont établies, l'ayant mise dans l'impossibilité de vérifier l'exactitude de ses contributions, elle s'est trouvée dans la nécessité de recourir à la vérification par voie d'expertise.

On a cru devoir faire imprimer les rapports de l'expert de la compagnie, et les observations du fondé de pouvoirs qu'elle avait chargé de la représenter, afin de mettre les agents de l'administration et les membres des tribunaux administratifs qui ont à statuer sur cette affaire mieux à même d'apprécier la justice de ses demandes. On désirait y joindre le rapport de l'expert de l'administration, afin qu'on pût bien juger les motifs sur lesquels il se fonde pour les points sur lesquels il n'est pas d'accord avec l'expert de la compagnie. Mais, par des considérations qu'on doit respecter, il n'a pas cru pouvoir consentir à cette publication.

RAPPORT de MM. ALLARD, Expert de la Compagnie des chemins de fer de Paris à Lyon et à la Méditerranée, et de M. ***, Expert de l'Administration, sur la vérification de la valeur locative et du revenu net imposable pour lesquels la gare de Paris et l'arrière-gare de Bercy sont comprises dans les rôles de 1861 de la ville de Paris.

Chargés de procéder à la vérification de la valeur locative et du revenu net imposable pour lesquels la gare de Paris et l'arrière-gare de Bercy sont imposées à la contribution foncière et à la contribution des patentes pour 1861, nous nous sommes rendus dans ces gares avec M. l'Inspecteur des contributions directes, deux de MM. les Commissaires répartiteurs de la ville de Paris, et M. le représentant de la Compagnie des chemins de fer de Paris à Lyon et à la Méditerranée.

Nous en avons examiné attentivement toutes les parties, ainsi que le mode de construction et la nature des matériaux employés, afin de pouvoir, à défaut de bail ou de moyens de comparaison avec des bâtiments semblables loués, en déterminer aussi exactement que possible la valeur locative.

La Compagnie a mis à notre disposition les expéditions des actes de vente des terrains composant les deux gares, ainsi que les mémoires des entrepreneurs qui en ont exécuté les constructions.

Ces mémoires étant à peu près complets, sauf en ce qui concerne quelques travaux exécutés en régie, nous avons décidé que nous les prendrions pour base de nos évaluations, sauf à compléter les parties qui manqueraient au moyen d'une estimation par voie d'appréciation.

Nous avons décidé, en même temps, que nous procéderions à l'estimation de toutes les parties de la gare sans en excepter celles que quelques-unes des personnes qui assistent à l'opération, et nous-mêmes, nous penserions ne devoir pas entrer dans le calcul de la valeur locative, en réservant à chacun le droit de motiver son opinion à ce sujet, afin que le conseil de préfecture, s'il croyait devoir admettre comme imposables quelques-unes des parties contestées, puisse trouver, dans notre travail, l'évaluation de la valeur locative de ces parties.

Procédant d'abord à l'évaluation de la valeur du sol par mètre carré, au moyen du dépouillement des actes d'acquisition, nous avons trouvé que l'achat des terrains nus, c'est-à-dire non couverts d'habitations, présente les résultats suivants :

GARE DE PARIS.

	h.	a.	c.		
Premières acquisitions	18	45	»	à 11 fr. 37 en moyenne. .	2,097,765 fr.
Dernières acquisitions	1	75	20	à 22 35 id. . .	391,572
Total. . .	20	20	20	Total. . .	2,489,337 fr.

Valeur moyenne, 12 fr. 32 par mètre carré.

ARRIÈRE-GARE DE BERCY.

	h.	a.	c.		
Premières acquisitions	14	32	80	à 6 fr. 30 en moyenne. . .	902,664
Dernières acquisitions	3	53	73	à 9 36 id. . . .	331,091
Total. . . .	17	86	53	Total. . . .	1,233,755

Valeur moyenne, 6 fr. 91 par mètre carré.

Nous avons résumé, dans le tableau ci-après, la valeur de construction des divers bâtiments de la gare, en ayant soin de distinguer les parties qui sont reconnues, par toutes les personnes présentes, n'être pas imposables à la contribution des patentes, celles qui ne sont pas encore imposables à la contribution foncière, et nous y avons joint un premier tableau donnant la désignation et la valeur de l'outillage fixe, scellé à chaux, à plâtre ou à ciment, et faisant partie de l'immeuble, celles de l'outillage non scellé à chaux, à plâtre ou à ciment, et de l'outillage mobile;

Ainsi que le tableau de la valeur locative des bureaux et des habitations des divers employés logés dans les bâtiments appartenant à la Compagnie, afin qu'on puisse déterminer quels sont ceux de ces employés dont la nature des travaux qui leur sont confiés, rend l'habitation imposable ou non imposable à la patente.

(A la suite du tableau des évaluations, qu'on juge inutile de reproduire, se trouvent les solutions communes ou individuelles des deux experts, sur les diverses questions qui se sont présentées.)

Avant de procéder à l'estimation de la valeur locative des diverses parties de la gare, nous avons invité les fonctionnaires qui sont chargés par la loi d'assister à l'expertise, d'examiner avec nous les diverses questions que soulève cette opération, et M. le représentant de la Compagnie à fournir ses observations, afin que nous pussions présenter un travail complet, qui permette au Conseil de préfecture de prendre sa décision en pleine connaissance de cause.

Voici ces questions, et la solution que nous leur avons donnée.

CONTRIBUTION DES PATENTES

1re question. — La dépense des remblais doit-elle entrer dans les éléments d'après lesquels est établie la valeur locative des bâtiments ?

Solution commune aux deux experts.

Le bâtiment des voyageurs et quelques-uns des bâtiments de la gare du chemin de fer de Paris à Lyon sont établis sur un remblais assez considérable. Nous n'avons pas pensé que la dépense faite pour ce remblais dût être prise en considération pour la fixation de la valeur locative.

Les grands travaux de nivellement de rues et de boulevards, de construction de maisons qui étaient exécutés au moment où on établit la gare du chemin de fer de Paris à Lyon, donnaient lieu à des déblais considérables, et, dans ce cas, on est dans l'usage de payer une redevance, pour chaque charretée de déblais, aux propriétaires des terrains sur lesquels on les verse. Les redevances ainsi perçues s'élèvent quelquefois assez haut pour payer une partie des dépenses de fondations des maisons construites sur ces terrains remblayés. Mais il ne s'agit ici que de la dépense des remblais. Les sommes qui ont dû être ainsi payées ont-elles été suffisantes pour couvrir les frais de remblais, de terrassement et de nivellement ? Rien ne nous autorise à croire qu'elles n'aient pas suffi pour couvrir tous ces frais.

D'ailleurs, il ne faut pas perdre de vue, et c'est un objet dont nous nous sommes constamment préoccupés dans notre travail, que c'est la valeur locative de la gare que nous sommes chargés d'établir. Nous ne devons donc admettre, pour apprécier cette valeur locative, parmi les dépenses effectuées, que celles qui peuvent exercer quelque influence sur l'élévation de cette valeur. Les gares de Paris des chemins de fer du Nord, de l'Est, de Paris à Orléans, sont bâties à niveau du sol environnant et n'ont pas exigé de dépenses pour remblais. Celle du chemin de fer de Paris à Lyon, les deux gares des chemins de fer de l'Ouest sont bâties, au contraire, sur un remblai dont nous supposons que la dépense s'est élevée, pour chacune, à 300,000 fr. Faut-il en conclure que les bâtiments construits sur ces remblais, ayant la même surface, la même importance, la même destination, et étant bâtis avec les mêmes matériaux, ont une valeur locative de 15,000 fr. plus élevée que les bâtiments semblables des trois autres gares? Évidemment non ; car la dépense des remblais ne saurait leur donner une valeur locative plus élevée.

C'est d'ailleurs ce qui se présente chaque jour. Voilà deux maisons, deux établissements industriels absolument semblables, dont la position offre les mêmes avantages. L'un est bâti à niveau du sol, l'autre sur un remblai qui a exigé une dépense de 30,000 fr. Est-ce que les locataires donneront un loyer de 1,500 fr. plus élevé pour celui-ci, par ce seul motif qu'il est construit sur un remblai? Le prix de location sera certainement le même pour ces deux maisons, ces deux établissements industriels. Cependant l'un aura coûté 30,000 fr. de plus que l'autre.

Nous avons donc pensé que nous ne devons tenir compte que des dépenses qui peuvent influer sur l'importance de la valeur locative, et que nous ne devons pas prendre en considération la dépense des remblais pour établir la valeur locative de la gare.

2e QUESTION. — La partie du sol de la gare non couverte de bâtiments, de rails ou de plaques tournantes, et ne servant pas de dépôt pour des matériaux d'approvisionnement, doit-elle entrer dans l'estimation de la valeur locative?

Solution de M. Allard, expert de la Compagnie.

Voici le résultat, au point de vue de la contribution des patentes seulement, de l'examen que j'ai fait de cette question. Je la traiterai, dans une autre partie de ce rapport, sous le point de vue de la contribution foncière.

L'administration des contributions directes voulant tracer à ses agents la marche qu'ils doivent suivre pour faire l'estimation de la valeur locative servant de base à la taxe de patente des compagnies de chemins de fer, leur recommande de faire entrer, dans cette estimation, les locaux occupés par l'administration, les bureaux de recette, salles d'attente, magasins, hangars et autres bâtiments servant à l'exploitation, *en un mot, tout ce qui est propriété bâtie*; on doit en estimer la valeur locative et y ajouter celle du sol sur lequel reposent ces bâtiments.

J'ai adopté pour mes estimations cette interprétation, qui est en harmonie avec les dispositions de l'article 9 de la loi du 25 avril 1844, et dont l'exactitude a été d'ailleurs confirmée par un arrêt du conseil d'État, en date du 23 juin 1849, n° 20961, rendu sur un pourvoi formé par la Compagnie du chemin de fer de Montpellier à Nîmes, au sujet de la taxe de patente qui était assignée, pour 1846, à la gare dite du Champ-de-Mars à Nîmes.

Cet arrêt devant me servir de guide pour plusieurs

des questions que nous avons à résoudre, je crois devoir entrer dans quelques détails à ce sujet.

La gare dite du Champ-de-Mars, à Nîmes, dont le conseil d'État a décidé, par son arrêt précité, que la valeur locative du sol ne doit pas entrer dans le calcul du droit proportionnel de la patente, servit, dès le principe, de gare pour le chemin de fer d'Alais à Nîmes et à Beaucaire, ouvert en 1839. Puis, lorsqu'on opéra, en 1844, la jonction de ce chemin avec celui de Montpellier à Nîmes, le service des voyageurs fut transféré à l'embarcadère du chemin de fer de Montpellier, et la gare du Champ-de-Mars ne fut plus utilisée que pour le service des marchandises, la réparation du matériel roulant, et comme chantier de dépôt d'approvisionnements.

Il y avait, en 1846, sur l'ancienne gare du Champ-de-Mars, transformée en gare de marchandises, atelier de réparation de machines et chantiers :

Une halle destinée à servir à l'entrepôt des marchandises, avec ses grues pour le chargement et le déchargement des wagons ;

Une rotonde ou remise à locomotives avec feux de forge ;

Une remise de voitures ;

Un atelier de réparations avec machine fixe à vapeur, machine pour transmettre le mouvement, machines-outils et menu outillage pour la réparation du matériel roulant ;

Un réservoir d'eau ;

Plus, enfin, l'ancien embarcadère des voyageurs converti en bureaux.

Cette gare ayant changé de destination, en 1844, le contrôleur crut devoir imposer à la contribution des patentes, à partir de 1845, sa surface, ses murs de clôture, son outillage, ses plaques tournantes, ainsi que 1261 mètres de rails, qu'il prétendait être imposables, attendu qu'ils sont posés, les uns en dehors du chemin public, les autres dans les bâtiments qui existent sur cette gare.

Les experts avaient fixé à 40,000 fr. la valeur capitale des murs de clôture et de la surface de la gare, d'une contenance de 4 h. 46ᵃ 65ᵉ, servant, disent-ils, de chantier, de dépôt de matériaux, fers, bois, etc., etc., et à 52,396 fr. la valeur capitale des cinq plaques tournantes, et de 848 mètres courants de voies placées dans les ateliers, les remises, de voitures, et dans la gare en dehors du chemin de fer, et 413 mètres courants de petits rails.

C'est cette surface de gare servant pour le mouvement des marchandises à l'arrivée et au départ, pour la réparation du matériel roulant, et utilisée comme chantier pour dépôt d'approvisionnements, ainsi que les rails et les plaques tournantes existant, soit dans les bâtiments, soit à l'extérieur, que le conseil d'État, sur l'avis conforme du conseil d'administration des contributions directes et du ministre des finances, a déclaré n'être pas imposable à la contribution des patentes.

Voici en quels termes il s'exprime :

« Vu la loi du 25 avril 1844 ;

» Considérant qu'en fixant à 24,000 fr. la valeur locative qui doit servir de base au droit proportionnel de la patente de la compagnie du chemin de fer de Montpellier à Nîmes pour l'exercice 1846, le conseil de préfecture du Gard a compris, dans cette estimation, la valeur des plaques tournantes et des voies de gare, ainsi que celle des murs de clôture et de la surface de la gare dite du Champ-

de-Mars, à Nîmes ; que ces objets constituent des dépendances de la voie publique, et ne peuvent entrer dans le
calcul du droit proportionnel de la patente de ladite compagnie ; qu'il y a lieu, en conséquence, de déduire la valeur assignée auxdits objets dans le procès-verbal d'expertise susvisé de la valeur locative imposable et de fixer
ladite valeur à 20,750 fr.

» Art. 1ᵉʳ L'arrêté susvisé du conseil de préfecture du
Gard est annulé.

» Art. 2. La valeur locative devant servir de base au
droit proportionnel de patente de la compagnie du chemin de fer de Montpellier à Nîmes, est réduite, pour
1846, de la somme de 24,000 fr. à celle de 20,750 fr.

» Art. 3. Il est accordé décharge, etc. »

Cet arrêt m'a tracé la marche que je devais suivre. Je
pense que la surface de la partie de la gare non couverte
de constructions ne doit pas entrer dans l'estimation de la
valeur locative servant de base au droit proportionnel de
la taxe de patente, même pour les portions sur lesquelles
se trouvent des pavages.

Je ferai remarquer, à cette occasion, que nous avons
compris dans la valeur de construction des bâtiments, les
pavages qui se trouvent à l'intérieur de ces bâtiments.

Je dois dire enfin, que la partie de la surface de la
gare non couverte de constructions, n'est pas entrée dans
l'estimation de la valeur locative sur laquelle est établie
la taxe de 1861, et qu'aux termes de l'art. 43 de la loi du 4
juin 1858, on ne peut plus l'y comprendre aujourd'hui.

On parle de la nécessité d'avoir des terrains libres,
des cours pour aborder les bâtiments, pour leur donner
de l'air, de la lumière. Mais ces terrains libres existent.

C'est la surface de la gare que les instructions de l'administration et l'arrêt du conseil d'État, du 23 juin 1849, déclarent ne devoir pas entrer dans l'estimation de la valeur locative imposable (1). Je ne comprends pas, dès lors, comment on pourrait supposer, par la pensée, qu'une partie très-considérable de cette surface, qui est non imposable, fait partie des bâtiments dont elle est tout à fait indépendante, dans le seul but de pouvoir la soumettre à l'impôt.

Quant aux cours, dont le nom revient souvent, je ferai observer, une fois pour toutes, qu'elles sont ainsi définies dans les meilleurs dictionnaires : *portion de terrain découverte, dépendant d'une maison, d'un hôtel, d'un palais, et qui est fermée de murs ou entourée de bâtiments.* Il n'existe rien de pareil dans la gare.

3e QUESTION. — La partie de la surface de la gare qui sert de chantier pour le dépôt d'approvisionnements, tels que traverses en bois, roues de wagons ou de locomotives, rails, coussinets, houille, etc., doit-elle entrer dans l'estimation de la valeur locative?

Solution de M. Allard, expert de la Compagnie.

En examinant cette question, au point de vue de la contribution des patentes seulement, j'ai pensé, d'après l'arrêt du conseil d'État, relatif à la gare du Champ-de-Mars à Nimes, dont une partie, suivant le rapport des experts et l'avis du maire, servait de chantier sur le-

(1) C'est, d'ailleurs, l'une des conditions du cahier des charges. Les terrains de la gare, non couverts de bâtiments, ne sont imposables qu'à la contribution foncière. Les bâtiments et magasins sont seuls imposables aux autres contributions.

quel se trouvaient des dépôts de houille et autres approvisionnements, que la partie de la surface de la gare de
Paris du chemin de fer de Paris à Lyon sur laquelle se
trouvent des dépôts d'approvisionnements non couverts
soit de constructions, soit de simples hangars, ne doit
pas entrer dans l'estimation de la valeur locative. Il m'a
paru, en effet, naturel que la compagnie établisse des
dépôts de traverses en bois, rails et coussinets sur toute
la longueur de la ligne du chemin de fer, et aux points
les plus convenables, sans que ces terrains deviennent,
par ce seul fait, imposables à la contribution des patentes.

L'erreur qu'on fait à ce sujet vient de ce qu'on ne tient
pas compte de l'immense différence qui existe entre les
chantiers de marchands de bois, de charbons, etc., et les dépôts d'approvisionnements du matériel des chemins de fer.

Les chantiers des marchands de bois, de charbons et
d'autres matériaux ou marchandises, sont les magasins,
ou une partie des magasins de ces négociants. C'est là
qu'ils font leurs ventes, qu'ils exercent leur industrie, et
il est bien juste que le droit proportionnel de leur taxe
de patente soit établi sur la valeur locative de ces chantiers ou magasins en plein air.

Mais il n'en est plus de même des dépôts d'approvisionnements du matériel des chemins de fer. Les objets
qui s'y trouvent ne servent pas actuellement à l'exploitation du chemin. Ils sont là pour remplacer, au besoin,
ceux qui servent actuellement lorsqu'ils viennent à se dé-
tériorer, ce qui arrive trop fréquemment. Ces dépôts
sont créés, par suite d'une simple prévision, pour parer
aux accidents qui peuvent survenir ; et ces accidents ont
souvent des suites tellement terribles, qu'on ne saurait
trop encourager les compagnies à augmenter, à étendre

les moyens de les prévenir. Quelques instants avant le
départ d'un convoi, on voit une roue dont l'état fait
craindre qu'elle ne puisse pas bien faire son service.
Peut-être, n'aurait-on pas le temps de la remplacer, s'il
fallait aller en prendre une autre à distance. Mais on en
a plusieurs sous la main, et le remplacement se fait immédiatement. Il en est de même pour les rails, les coussinets, les éclisses, etc.

En étudiant la lettre et l'esprit de la loi, je ne puis admettre qu'une compagnie de chemin de fer doive subir
une augmentation d'impôt parce qu'elle donne un peu
d'extension à sa gare afin que les locomotives et les
wagons puissent faire leurs manœuvres sans occasionner d'accident, sous le prétexte que la surface de la gare
dépasse l'absolu nécessaire, ou parce qu'elle aura fait
sur un terrain un dépôt d'approvisionnements pour pouvoir remplacer le matériel qui se détériore de moment
en moment et prévenir les accidents qui peuvent résulter
de l'emploi de ce matériel détérioré. Il me semble,
qu'en bonne administration, on ne doit ni créer des
gênes aux compagnies, ni les dégoûter de faire tout ce
qui est nécessaire pour se précautionner contre des ca-
tastrophes qui peuvent priver de leur soutien de nombreuses familles. On doit au contraire les engager à entrer plus avant dans une voie qui peut donner les
moyens de mettre un terme aux malheurs dont nous
avons été les témoins. Cette manière d'appliquer la loi
est d'ailleurs tout à fait en harmonie avec son texte, et
avec les instructions de M. le directeur général des contributions directes, du Conseil d'administration des contributions directes et du ministre des finances, article 45
de l'instruction du 31 juillet 1858, et avis sur le pourvoi

relatif à la réclamation ayant pour objet la taxe de patente de la gare de Nîmes du chemin de fer de Nimes à Montpellier, qui portent qu'on ne doit faire entrer dans l'estimation de la valeur locative que les bâtiments, et, en un mot, tout ce qui est *propriété bâtie*, et qu'on doit exempter de l'impôt les chantiers de cette gare. Cette interprétation de la loi a d'ailleurs été sanctionnée par l'arrêt du conseil d'Etat du 26 juin 1849.

J'ajouterai, en terminant, que les dépôts d'approvisionnements de matériaux de la gare de Paris, ne sont pas entrés dans l'estimation de la valeur locative sur laquelle l'impôt de 1861 est établi. J'en trouve la preuve dans le travail de l'administration qui porte, pour la surface du sol, 22,130 mètres carrés à 60 c., valeur locative 13,200 fr.; c'est le sol des bâtiments. Les augmentations de valeur locative, faites en 1857, 1858, 1859, 1860, ont pour objet l'agrandissement des bâtiments existants ou la création de nouveaux bâtiments seulement. Or, faire entrer dans la taxe de 1861, objet de la réclamation, la valeur locative des terrains sur lesquels sont déposés des approvisionnements de matériel, serait violer l'article 13 de la loi du 4 juin 1858, puisque ce serait imposer supplémentairement, d'une manière indirecte, des terrains qu'on n'a pas soumis à l'impôt, bien qu'ils fassent depuis longtemps partie de la gare, et qui, en dernière analyse, ne sont pas imposables à la patente.

4e QUESTION. — Les rails, les plaques tournantes et les trottoirs, placés sous la halle couverte servant d'embarcadère, doivent-ils, ainsi que le sol sur lequel ils reposent, entrer dans l'estimation de la valeur locative?

Solution commune aux deux experts.

En examinant cette question au point de vue de la contribution des patentes, on doit rappeler que lorsque les agents des contributions directes ont fixé, avec les membres de la commission des contributions directes de Paris qui les assistaient, la valeur locative de cette partie de la gare, ils l'ont assimilée aux anciens embarcadères des messageries, et qu'ils ont pensé que, puisque ceux-ci entraient dans l'estimation de la valeur locative, on devait y faire entrer également les embarcadères des chemins de fer.

Cette assimilation ne nous a pas semblé possible.

Les embarcadères des anciennes messageries ne faisaient pas partie de la voie publique, tandis que l'embarcadère du chemin de fer est la tête de la voie ferrée publique pour les voyageurs qui vont de Paris à Lyon et à Marseille, et la fin de cette voie ferrée publique, pour ceux qui viennent de Marseille et de Lyon à Paris.

La loi, en faisant à des compagnies la concession des lignes de chemins de fer, et en leur imposant l'obligation de transporter les voyageurs et les marchandises, les a mises, par cela même, dans l'obligation d'avoir des embarcadères et des débarcadères. Nous ne voyons nulle part qu'elle ait voulu qu'on traitât ces embarcadères et ces débarcadères autrement que la voie ferrée dont ils sont le commencement ou la fin. Nous ne comprenons pas qu'on veuille et qu'on puisse distinguer là où elle n'a fait aucune distinction. La voie ferrée, qu'elle soit au commencement, au milieu ou à la fin, est toujours la voie ferrée publique qui ne doit pas entrer dans l'estimation de la valeur locative.

L'erreur qu'on fait à ce sujet vient de ce qu'on ne se rend pas bien compte de ce qu'est une voie ferrée.

C'est une voie publique, comme les routes impériales. La loi dit qu'elle fait partie de la grande voierie. Mais, la nature de cette voie ferrée ne permet pas de la laisser fréquenter par tout le monde indistinctement. Elle a mis dans la nécessité de concéder le privilége de son exploitation à une compagnie en lui imposant diverses charges. Aussi, la voie ferrée, propriété publique, comme les routes départementales et impériales, ne doit pas, ainsi que ses dépendances, être soumise à l'impôt qui ne doit porter que sur les bâtiments servant à l'exploitation.

Pour quelques gares, telles que celles de Paris, où un grand nombre de voyageurs montent dans les voitures et en descendent, on a établi au-dessus de la partie de la voie ferrée sur laquelle s'arrètent les voitures, une couverture afin de mettre les voyageurs à l'abri des intempéries de l'air et des saisons. Nous avons eu soin de faire entrer la valeur locative de cette couverture dans notre travail. Mais nous persistons à croire que cette partie de la surface de la gare, sur laquelle n'existent pas de constructions, ne doit pas entrer dans l'estimation de la valeur locative, non plus que les rails, les plaques tournantes et les trottoirs qui la couvrent.

5e QUESTION. — La partie de la gare *non couverte de constructions*, et sur laquelle se trouvent les rails qui servent à conduire le matériel roulant aux remises, aux ateliers de réparation, aux halles de chargement et de déchargement, doit-elle, ainsi que les rails et les plaques tournantes, entrer dans l'estimation de la valeur locative ?

Solution de M. Allard, expert de la Compagnie.

En examinant cette question au point de vue de la contribution des patentes seulement, j'ai pensé, d'après l'arrêt du conseil d'État précité, que cette partie de la surface de la gare, sur laquelle ne se trouvent pas des constructions, ne doit pas entrer dans l'estimation de la valeur locative imposable à la patente, non plus que les rails et les plaques tournantes conduisant aux remises de voitures et de locomotives, aux halles de chargement et de déchargement, aux ateliers de réparations. Les uns et les autres ont été affranchis de l'impôt pour la gare de Nîmes.

Dans tous les cas, les rails et les plaques tournantes qui servent à conduire les locomotives sur la grande plaque tournante de la rotonde, pour en changer la direction, afin qu'après avoir conduit les trains arrivant à Paris, elles puissent conduire également les trains partant, font bien nécessairement partie de la voie publique, et ne doivent pas entrer dans l'estimation de la valeur locative.

D'ailleurs, tous ces rails et plaques tournantes, existant depuis de longues années dans la gare, ne sont pas entrés dans l'estimation de la valeur locative sur laquelle la patente de 1861 est établie ; ce n'est pas une création nouvelle, et on ne saurait la comprendre aujourd'hui dans la vérification de cette taxe sans violer l'article 13 de la loi du 4 juin 1858.

· 6ᵉ QUESTION. — Les rails et les plaques tournantes qui existent à l'intérieur de quelques bâtiments doivent-ils entrer dans l'estimation de la valeur locative?

Solution de M. Allard, expert de la Compagnie.

En examinant cette question au point de vue de la contribution des patentes, elle me semble résolue par l'arrêt précité du conseil d'État, qui ne fait pas entrer dans l'estimation de la valeur locative les voies ferrées et les plaques tournantes, qu'elles soient situées à l'extérieur ou à l'intérieur des bâtiments.

Les bâtiments dans lesquels se trouvent ces voies ferrées et plaques tournantes, sont :

1° Les rotondes, demi-rotondes ou remises de locomotives ;

2° Les remises de voitures ;

3° Les ateliers de réparations ;

4° Les halles de marchandises au départ ou de chargement ;

5° Les halles de marchandises à l'arrivée ou de déchargement.

On prétend que les rails et les plaques tournantes existant dans les rotondes et demi-rotondes, remises de wagons et de locomotives, et ateliers de réparations, doivent entrer dans l'estimation de la valeur locative, attendu qu'ils ne font pas partie de la voie ferrée publique (1). Mais on perd de vue que ce n'est pas la voie ferrée pu-

---

(1) Le cahier des charges impose à la Compagnie l'obligation de construire tous ces bâtiments, qui sont des dépendances de la voie publique. L'expert de la Compagnie a dû laisser au représentant de la Compagnie le soin de tirer les conséquences très-concluantes résultant de ce fait.

blique seulement qui ne doit pas entrer dans l'estimation de la valeur locative imposable. Le matériel roulant ne doit pas y être compris non plus. Or, on doit facilement reconnaître qu'il n'est pas possible de laisser le matériel roulant, dont on ne se sert pas actuellement, exposé en plein air, et qu'il faut pouvoir le conduire, au moyen de voies ferrées, dans les remises où il est mis à l'abri ; qu'il faut aussi pouvoir conduire le matériel roulant qui a besoin de réparations dans l'atelier où elles s'exécutent, et qu'il est nécessaire d'y trouver des rails et des plaques tournantes, enfin qu'il faut que les voitures puissent aller charger sous les halles les marchandises qu'on doit trantporter sur la ligne, ou y décharger celles qui arrivent, et qu'il faut par conséquent qu'il y ait des rails et des plaques tournantes, car sans leur secours toute manœuvre est impossible.

On dit que ces rails remplacent, dans les rotondes, remises et ateliers, un sol ferme. Mais ces rails, de quelques centimètres de largeur seulement, n'occupent qu'une très-minime partie de la surface de ces bâtiments, le 30e tout au plus. Les pavages, le bitume ou les fosses à piquer le feu qui couvrent le surplus de cette surface, ont été compris par nous dans l'estimation de la valeur locative. Les rails ne se trouvent là que parce qu'il est impossible de faire manœuvrer, sans leur concours, le lourd matériel roulant qu'on doit y conduire ou en extraire. Ils ne sont qu'un accessoire.

Je ne comprends pas qu'on ne dise rien de la grande plaque tournante qui existe dans la rotonde et qui sert exclusivement à changer la direction des locomotives, lorsqu'après avoir conduit les trains arrivant à Paris, on est obligé de les tourner pour les mettre en position de con-

duire les trains partant : cette plaque tournante et les
rails qui y conduisent, ne peuvent certes pas être considérés comme ne faisant pas partie de la voie ferrée publique, puisqu'ils n'ont pas d'autre destination.

On suppose que les bâtiments destinés à remiser ou
à réparer le matériel roulant, seraient placés à une distance beaucoup plus grande de la gare, et même n'en
feraient nullement partie, et on demande si, dans ce cas,
on soutiendrait qu'ils sont des dépendances de la voie
publique ?

Cette supposition ne m'embarrasse nullement. D'abord,
elle est de tous points inadmissible. Il est évident que la
Compagnie n'ira pas placer ses remises de locomotives et
ses ateliers de réparations, en dehors de la gare, je ne
dirai pas à la barrière de l'Étoile, mais à quatre ou cinq
kilomètres seulement.

L'existence d'ateliers de réparations et de remises de
locomotives et de voitures, dans l'enceinte même de la
gare, est indispensable à la régularité du service des
compagnies de chemin de fer, et le ministre des travaux
publics, sans l'approbation duquel aucun bâtiment ne
peut être construit, ne tolèrerait pas toute autre disposition. Eh bien ! quelque grande qu'il plaise de supposer la
distance de ces bâtiments, je dirai que ces rails et ces
plaques tournantes, destinés exclusivement à la manœuvre du matériel roulant des chemins de fer, à les
conduire de la voie ferrée publique dans les remises et les ateliers de réparations et réciproquement,
sont une dépendance de cette voie ferrée, et ne doivent
pas entrer dans l'estimation de la valeur locative imposable, ainsi que cela a été décidé dans l'affaire de Nîmes.

On établit, enfin, une incroyable distinction entre l'exploitation particulière de l'industrie de la Compagnie et l'exploitation de son privilége de transport. Mais la Compagnie n'a pas deux exploitations. Elle n'en a qu'une seule : celle du transport des marchandises et des voyageurs. Le remisage, la réparation du matériel roulant en font nécessairement partie. Si on avait lu le cahier des charges, on aurait vu qu'elle est obligée d'avoir des remises pour les locomotives et les voitures, et des ateliers de réparations. Qu'on ne dise donc pas que c'est là pour elle une industrie particulière en dehors de son privilége de transports. C'est en faisant ces distinctions, contraires à tous les actes officiels relatifs à la concession des chemins de fer, plus subtiles que solides, qu'on tombe dans l'erreur.

Mon collègue passe condamnation sur les rails et les plaques tournantes des halles de marchandises de chargement et de déchargement, qui est le nom sous lequel elles doivent être désignées, et non sous celui d'entrepôt de marchandises, qu'il leur donne indûment. Mais comme le représentant de l'administration a élevé des objections à ce sujet, je dois motiver mon opinion sur ce point.

A l'égard de ces halles de marchandises à l'arrivée ou au déchargement, on dit : « Les marchandises y séjournent; quelquefois on perçoit un droit de magasinage; c'est là une industrie en dehors de celle du transport des voyageurs et des marchandises, qui donne des produits, et on doit imposer les objets qui servent à obtenir ces produits. »

Pour être à même de résoudre cette question, j'ai dû recueillir des renseignements à ce sujet.

Les transports faits par les chemins de fer sont de deux natures : le plus souvent, on se charge de rendre à domicile ; quelquefois les expéditions se font *rendues en gare.*

Lorsque les expéditions se font avec charge de rendre à domicile, les colis ne séjournent pas dans les halles d'arrivée, et si, par une circonstance quelconque, ils y séjournaient, la Compagnie ne pourrait pas réclamer un droit de magasinage. Au contraire, elle se trouverait exposée à voir le destinataire lui demander une indemnité pour retard dans la livraison, ou même lui laisser le colis pour compte.

Lorsque les colis sont expédiés rendus en gare, la compagnie informe le destinataire de l'arrivée de ces colis, et l'invite à les faire retirer, en le prévenant que, faute par lui de le faire dans un délai déterminé, il aura à payer un droit de magasinage. Mais ce n'est pas en vue de faire une perception que ce droit est établi ; c'est afin d'éviter l'encombrement de la gare et d'accélérer le recouvrement des frais de transport. Car si le destinataire n'était pas menacé de payer un droit de magasinage, il pourrait laisser ses colis sous les hangars de la Compagnie des mois entiers.

Les rails et les plaques tournantes placés sous les hangars de marchandises, à l'arrivée, servent indistinctement pour toutes les marchandises, pour celles que la Compagnie est chargée de rendre à domicile, comme pour celles que les destinataires doivent retirer eux-mêmes, et dont quelques-unes séjournent plus ou moins longtemps sous les hangars. On ne saurait donc considérer les rails et les plaques, tournantes placés sous ces hangars, comme servant exclusivement pour ces dernières marchandises, qui ne sont qu'une très-minime partie de celles qui sont déchargées dans ces halles.

La Compagnie ne pourrait être considérée, à l'égard

de ces colis qui séjournent pendant un temps plus ou moins long sous ces hangars, non parce qu'elle fait métier de les emmagasiner, mais parce que les destinataires ne viennent pas les retirer, que comme magasinier. A ce titre, elle devrait payer le droit proportionnel au 40e, sur la valeur locative des hangars qui servent à cet emmagasinement. Mais elle paie déjà ce droit sur ces mêmes hangars, comme servant à l'exercice de sa profession de concessionnaire de chemin de fer. On ne saurait donc lui faire payer deux fois le droit proportionnel pour le même bâtiment.

Je persiste, en conséquence, à penser qu'il n'y a pas lieu à distinguer entre les rails et les plaques tournantes, placés sous les hangars de marchandises à l'arrivée ou de déchargement, et ceux qui sont placés dans les autres bâtiments, et que les uns et les autres ne doivent pas entrer dans l'estimation de la valeur locative des bâtiments, puisqu'ils sont indispensables pour l'exploitation de cette industrie du transport des marchandises, dont l'État a fait la concession à la Compagnie pour qu'elle l'exerce sur des terrains et sur des voies qui sont une propriété publique.

J'ajouterai, en terminant, que ces rails et ces plaques tournantes ne sont pas entrés dans l'estimation de la valeur locative sur laquelle l'impôt de 1861 est établi. Cette valeur est calculée à raison de 5 fr., de 4 fr., etc., de la superficie des bâtiments, sans addition pour les rails et les plaques tournantes. Or, faire entrer dans la vérification de la taxe de 1861, objet de la réclamation, la valeur locative de ces rails et plaques tournantes, serait violer l'article 43 de la loi du 4 juin 1858, puisque ce serait imposer supplémentairement, d'une manière indi-

recte, ces rails et ces plaques tournantes d'ancienne création qu'on aurait omis de comprendre dans la taxe de
1861, et qui, en dernière analyse, ne sont pas imposables à la patente.

7ᵉ QUESTION. — Les murs de soutenement des parties
remblayées de la gare doivent-ils entrer dans l'estimation
de la valeur locative?

Solution de M. Allard, expert de la Compagnie.

La partie de la gare en remblais est terminée, dans le
sens de sa longueur, par des talus; on les a remplacés,
sur quelques points, par des murs qui, partant du pied
du talus, ont eu pour résultat d'élargir la surface de la
gare. On a prétendu que, par ce motif, ces murs doivent
entrer dans l'estimation de la valeur locative.

La surface de la gare non couverte de constructions ne
doit pas entrer dans l'estimat'on de la valeur locative.
D'un autre côté, ces murs de soutenement, placés tout à
fait en dehors des bâtiments, n'ajoutent pas un centime à
leur valeur locative, car ces bâtiments ne se loueront pas
plus cher parce que, sur quelques points de la gare, il se
trouve des murs de soutenement des terres. J'ai pensé, en
conséquence, qu'on ne doit pas les faire entrer dans l'estimation de la valeur locative servant de base à l'impôt
qui ne doit comprendre que les locaux occupés par l'administration, les bureaux de recettes, les salles d'attente,
les magasins, les hangars de chargement et de déchargement, les ateliers et les bâtiments d'exploitation. Des
murs qui sont tout à fait indépendants de ces bâtiments,
et qui n'ont été élevés que pour soutenir des terres et, si

l'on veut, pour augmenter la surface de la gare qui, étant une dépendance de la voie publique, n'est pas imposable, ne sont pas imposables eux-mêmes.

Mais, dit-on, ces murs de soutenement des terres ont permis d'élever plusieurs bâtiments. — L'estimation de la valeur locative de ces bâtiments a été faite; elle entrera dans le calcul de la taxe de patente. Il n'est pas permis d'aller au delà sans s'écarter du texte de la loi.

Ils permettront, dit-on, d'établir de nouvelles halles de chargement et de déchargement, très-improprement appelées magasins, quand la Compagnie le jugera nécessaire. — Au moins faut-il attendre, pour soumettre ces halles à l'impôt, qu'elles soient établies.

On parle de cours de service pour les halles que les murs de soutenement ont permis d'établir. — Mais il n'existe pas de cours de service pour les halles. Il n'y a, dans la gare, que des bâtiments, ou la surface de la gare non couverte de bâtiments qui n'est pas imposable.

En un mot, ces murs de soutenement ont permis d'agrandir la surface de la gare. — Mais elle n'est pas imposable.

Ils ont permis d'élever des constructions. — On en a estimé la valeur locative et elles sont imposées.

Quant aux murs de soutenement des terres, ils ne figurent pas au nombre des bâtiments qui servent à l'exploitation des chemins de fer, et ils ne doivent pas entrer dans l'estimation de la valeur locative. On reconnaît d'ailleurs qu'ils n'en ont pas.

J'ajouterai, en terminant, que ces murs de soutenement des terres, qui ne sont pas susceptibles d'être loués, et qui n'ont pas de valeur locative, ne sont pas entrés dans l'estimation des bases de l'impôt de 1861. Ils ne figurent pas, en effet, dans les carnets de l'administratiou, aiusi que l'attestent d'ailleurs pour cet article et pour tous ceux qui sont dans le même cas, MM. les membres de la commission des contributions directes présents à l'expertise.

Or, faire entrer dans la vérification de la taxe de patente de 1861, objet de la réclamation, ces murs de soutenement des terres qui, je le répète, par leur nature ne sont pas susceptibles d'être loués, n'ont pas de valeur locative et ne peuvent pas en avoir, serait violer l'article 13 de la loi du 4 juin 1858, puisque ce serait imposer supplémentairement, d'une manière indirecte, ces murs de soutenement, qui ne sont pas compris dans les bases de la taxe de 1861, et qui d'ailleurs ne sont pas imposables.

8e QUESTION. — Les fondations extraordinaires qu'a rendues nécessaires, pour quelques bâtiments, la nature du sol sur lequel il sont construits, doivent-elles entrer dans l'appréciation de la valeur locative?

Solution commune aux deux experts.

Pour résoudre cette question, nous avons dû nous reporter au texte de la loi du 25 avril 1844, et nous avons vu que, par son article 9, elle asseoit l'impôt sur la valeur locative.

On ne doit donc pas perdre de vue, dans l'établissement des bases de l'impôt, que c'est sur la valeur locative qu'il doit être assis, et que, par conséquent, il ne faut pas faire entrer dans l'appréciation de cette valeur locative, des dépenses qui ne sauraient influer sur son importance.

L'administration des contributions directes elle-même,

en disant, dans l'article 45 de l'instruction du 31 juillet
1858, que dans l'évaluation des bâtiments des gares des
chemins de fer, il faut arriver, autant que possible, à des
résultats uniformes, a, par cette seule indication, exclu
de l'estimation de la valeur locative, les dépenses relatives à des travaux extraordinaires.

Ainsi les gares de Paris des chemins de fer du Nord,
de l'Est, et de Paris à Orléans, étant établies à niveau
du sol environnant, les fondations de plusieurs bâtiments
y ont nécessairement donné lieu à des dépenses infiniment moins élevées que pour les bâtiments semblables
des deux gares des chemins de fer de l'Ouest et de celle
du chemin de fer de Paris à Lyon, qui sont placées sur
des remblais de plusieurs mètres de hauteur. Le bâtiment des voyageurs du chemin de fer de Vincennes, qui
est placé sur un viaduc fort élevé, est dans des conditions
analogues. Or, comment aurait-on obtenu cette uniformité que demande l'administration, et qui est d'ailleurs
un principe fondamental en matière de contributions, si
on avait fait entrer, dans l'appréciation de la valeur
locative, les dépenses qu'ont nécessitées ces fondations extraordinaires et la construction de ce viaduc?

Supposons que la dépense des fondations des gares des
chemins de fer du Nord, de l'Est et de Paris à Orléans,
ne se soit élevée, pour le bâtiment des voyageurs, qu'à
100,000 fr., tandis qu'elle s'est élevée à 300,000 fr.
pour les deux gares de l'Ouest, et pour celle de Paris à
Lyon, et à un million pour le viaduc de Vincennes. Faut-
il en conclure que ces bâtiments, que nous supposons absolument semblables pour ces sept chemins de fer, d'égale
surface et dimension, construits avec des matériaux de
même nature et qualité et ayant la même destination,

ont une valeur locative de 10,000 fr. plus élevée pour les deux chemins de fer de l'Ouest et pour celui de Paris à Lyon, et de 45,000 fr. plus élevée pour le chemin de fer de Vincennes que pour les trois autres? Évidemment non. La valeur locative doit être la même.

Cette simple comparaison démontre amplement qu'on ne doit faire entrer, dans l'appréciation de la valeur locative des bâtiments, que les dépenses qui peuvent influer sur l'importance de cette valeur locative, et que, par conséquent, on ne doit pas y comprendre celle des fondations extraordinaires qu'a rendues nécessaires la nature du sol, parce qu'elles sont sans influence sur cette valeur locative.

Voici les dépenses auxquelles ont donné lieu les fondations de quelques bâtiments de la gare, avec l'indication de la somme qu'il faut déduire pour les motifs qui précèdent, parce qu'elle représente la dépense des fondations extraordinaires, en sus des fondations normales.

Fondations.

Gare des voyageurs, côté du départ. .	127,187 fr.	30
— côté de l'arrivée.	108,467	35
Demi-rotonde	56,857	49
Grande rotonde.	73,331	45
Dépenses des fondations. .	365,843 fr.	59
Dont la moitié est considérée comme fondations extraordinaires. . . .	182,921 fr.	80

Cette somme est le montant des dépenses relatives aux fondations extraordinaires qui, étant sans influence sur la valeur locative des bâtiments, ne doit pas entrer dans l'appréciation de cette valeur locative.

9ᵉ QUESTION. — Les aqueducs et les égoûts pratiqués sous le sol de la gare, pour son assainissement, doivent-ils entrer dans l'estimation de la valeur locative?

Solution de M. Allard, expert de la Compagnie.

Les aqueducs et les égoûts pratiqués sous le sol de la gare pour son assainissement m'ont semblé devoir être considérés comme la surface de la gare elle-même, qui ne doit pas entrer dans l'estimation de la valeur locative. D'ailleurs, la création de ces aqueducs et de ces égoûts ne saurait faire augmenter la valeur locative des bâti-ments de la gare qui est, en dernière analyse, l'unique base donnée par la loi au droit proportionnel de la taxe de patente; car cette valeur locative a pour éléments l'étendue que présentent les bâtiments pour la destina-tion à laquelle ils sont affectés, et leur plus ou moins bonne appropriation pour cette destination.

Les égoûts et les aqueducs reçoivent, il est vrai, les eaux pluviales que les chéneaux et les tuyaux de des-cente compris dans la valeur locative des bâtiments con-duisent de la toiture jusqu'au sol. Mais ils reçoivent aussi les eaux pluviales de toute la surface de la gare, et comme celle-ci est quatre fois plus grande que la sur-face occupée par les bâtiments, il en résulte qu'en rigou-reuse justice la valeur locative de la partie des égoûts et des aqueducs afférente aux bâtiments, ne devrait **être** que le cinquième de la valeur locative totale des aque-ducs et égoûts, si toutefois on peut leur assigner une valeur locative.

A Moulins, l'expert de l'administration avait compris dans son estimation une somme de 30,000 fr. pour égoût collecteur et petits égoûts dans l'intérieur de la gare. Elle a été retranchée par le Directeur des contributions directes.

En effet, ces aqueducs et égoûts ne font pas partie des bâtiments. Ils en sont tout à fait indépendants. On ne saurait donc en faire entrer la valeur locative dans celle des bâtiments.

Mais il faut examiner cette question de plus haut.

L'erreur qu'on fait à ce sujet vient de ce qu'on considère la Compagnie comme propriétaire des bâtiments et de la gare entière. Il ne faut jamais perdre de vue qu'elle n'est que concessionnaire, fermière, en vertu d'un bail de 99 ans. Donc les égoûts et les aqueducs sont une propriété publique. Lorsqu'on fait l'évaluation de la valeur locative d'une maison qui conduit les eaux pluviales, au moyen des chéneaux et des tuyaux de descente, de la toiture dans les égoûts et les aqueducs communaux, ajoute-t-on une somme quelconque à cette valeur locative à cause de la jouissance de ces égoûts et aqueducs ? Eh bien ! il doit en être de même pour les bâtiments des gares de chemin de fer, dont les eaux pluviales sont reçues dans des aqueducs et des égoûts qui sont la propriété de l'État. L'identité est frappante. Je n'insisterai pas.

J'ajouterai que ces aqueducs et ces égoûts, qui ne sont pas susceptibles d'être loués et qui n'ont pas de valeur locative, ne sont pas entrés dans l'estimation des bases de l'impôt de 1861. Ils ne figurent pas, en effet, dans les carnets de l'Administration, ainsi que l'attestent d'ailleurs pour cet article, et pour tous ceux qui sont dans le même cas, MM. les membres de la Commission des contributions directes présents à l'expertise. Or, faire entrer dans la vérification de la taxe de patente de 1861, objet de la réclamation, ces égoûts et ces aqueducs qui, je le répète, par leur nature ne sont pas susceptibles d'être loués, n'ont pas de valeur locative et ne peuvent pas en avoir, serait violer l'article 13 de la loi du 4 juin 1858, puisque ce serait imposer supplémentairement d'une manière indirecte ces égoûts et ces aqueducs qui ne sont pas compris dans les bases de la taxe de 1861, et qui, d'ailleurs, ne sont pas imposables.

10ᵉ QUESTION. — Les conduites souterraines d'eau sous la surface de la gare doivent-elles être comprises dans l'estimation de la valeur locative ?

Solution de M. Allard, expert de la Compagnie.

Les conduites souterraines d'eau sous la surface de la gare m'ont semblé devoir être considérées de la même manière que les aqueducs et les égoûts, et ne devoir pas entrer, ainsi que la surface de la gare, dans l'estimation de la valeur locative.

Elles ont pour objet de fournir l'eau nécessaire pour entretenir la propreté dans la gare et donner aux ouvriers les moyens de se désaltérer pendant les grosses chaleurs de l'été. Elles n'ajoutent rien à la valeur locative des bâtiments qui est, en dernière analyse, la seule base de l'impôt, et cette valeur locative a pour éléments l'étendue que présentent ces bâtiments pour la destination à laquelle ils sont affectés, et leur plus ou moins bonne appropriation pour cette destination.

A Moulins, l'expert de l'Administration avait compris dans son estimation 18,050 fr. pour les conduites souterraines d'eau. Cette somme a été retranchée par le directeur des contributions directes. En effet, ces conduites d'eau ne font pas partie des bâtiments; elles en sont tout à fait indépendantes. On ne saurait donc en comprendre la valeur locative dans celle des bâtiments. Mon co-expert le reconnaît d'ailleurs, comme on le verra dans l'article suivant.

L'erreur qu'on fait à ce sujet vient de ce qu'on considère la Compagnie comme propriétaire des bâtiments et de la gare entière. Il ne faut jamais perdre de vue qu'elle n'en est que concessionnaire, fermière, en vertu d'un bail de 99 ans. Donc, les conduites souterraines d'eau sont une propriété publique. Lorsqu'un propriétaire fait arriver l'eau de la ville dans sa maison en augmente-t-on pour ce fait la valeur locative, le revenu net imposable? Lorsqu'une personne, habitant dans le voisinage d'une fontaine publique, va y prendre l'eau nécessaire pour entretenir la propreté devant sa maison ou pour son usage domestique, augmente-t-on sa valeur locative en considération de cette jouissance d'une partie des conduites d'eau et des fontaines de la ville? Eh bien! il doit en être de même des bâtiments des gares des chemins de fer qui jouissent de ces conduites d'eau et de ces fontaines, propriété de l'État. D'ailleurs elles sont aussi utilisées pour entretenir la propreté sur la surface de la gare non couverte de bâtiments. Elles fournissent en outre de l'eau aux locomotives qui, comme matériel roulant, ne sont pas imposables. La part afférente aux bâtiments ne devrait donc entrer que pour une très-minime partie dans le total de la valeur locative de ces conduites d'eau.

· J'ajouterai qu'elles ne sont pas entrées dans l'estimation des bases de l'impôt de 1861. Elles ne figurent pas en effet dans les carnets de l'Administration, ainsi que l'attestent, d'ailleurs, pour cet article et pour tous ceux qui sont dans le même cas, MM. les membres de la Commission des contributions directes présents à l'expertise. Or, faire entrer dans la vérification de la base de la taxe de patente de 1861, objet de la réclamation, ces conduites d'eau, serait violer l'article 13 de la loi du 4 juin 1858, puisque ce serait imposer supplémentairement, d'une manière indirecte, ces conduites d'eau qui ne sont pas comprises dans les bases de la taxe de 1861, et qui, d'ailleurs, ne sont pas imposables.

11e QUESTION. — La canalisation du gaz et les appareils d'éclairage doivent-ils être compris dans l'estimation de la valeur locative?

Solution de M. Allard, expert de la Compagnie.

La canalisation du gaz, et surtout les appareils d'éclairage, m'ont semblé être complètement distincts des bâtiments, dont la valeur locative est la seule base de l'impôt. C'est un accessoire qui ne fait pas nécessairement partie du bâtiment, et dont on pourrait même, à la rigueur, se dispenser, car il est un grand nombre de gares où on emploie l'éclairage à l'huile.

Dans toutes les maisons de commerce, magasins et boutiques, dans tous les établissements industriels loués à Paris, c'est le locataire qui fait établir la canalisation du gaz et les appareils d'éclairage, et jamais on n'a cru devoir ajouter au prix de son bail la valeur locative afférente à cette dépense.

La canalisation du gaz est complétement en dehors du bâtiment. Les appareils d'éclairage sont essentiellement mobiles et ne font pas partie du bâtiment. Je pense, en conséquence, que ni la canalisation, ni les appareils d'éclairage ne doivent être compris dans l'estimation de la valeur locative des bâtiments.

A Moulins, l'expert de l'administration avait porté, dans son estimation, une somme de 4,800 francs pour le compteur à gaz. Elle a été retranchée par le Directeur des contributions directes. On n'a imposé ni la canalisation, ni les appareils d'éclairage.

En effet, cette canalisation ne fait pas partie des bâtiments. Elle en est tout à fait indépendante. Elle ne doit donc pas entrer dans l'estimation de leur valeur locative.

L'administration a décidé que les tuyaux de conduite ou la canalisation du gaz ne doivent pas entrer dans l'estimation de la valeur locative servant de base au droit proportionnel de la taxe de patente des fabriques de gaz pour l'éclairage. A plus forte raison doit-il en être ainsi pour la Compagnie.

Mon co-expert est d'ailleurs en quelque sorte involontairement entraîné à reconnaître que ces conduites d'eau, cette canalisation du gaz ne doivent pas entrer dans l'estimation de la valeur locative imposable, lorsqu'il dit : Presque toujours même cette location, ainsi que celle des eaux, est un revenu spécial désigné sous le nom d'éclairage et eaux. Le propriétaire ne sous-loue ni les eaux, ni le gaz qu'il a fait venir dans sa maison pour l'usage de tous ceux qui l'habitent. Mais il fait la répartition entre lui et ses locataires de ce qu'il paye à la ville pour les eaux, à la Compagnie du gaz pour le gaz, proportionnellement au loyer de chacun. C'est donc là le simple remboursement d'une avance, et non pas une location, puisque cette jouissance des eaux de la ville et du gaz ne sont pas comprises dans le loyer, mais sont remboursées au propriétaire en sus de ce loyer. Celui-ci ne se serait certes jamais douté qu'on pourrait profiter de cette circonstance, qui n'augmente pas d'un centime le revenu qu'il tire de sa maison, pour en faire augmenter les impôts.

Je ferai observer d'ailleurs que cette canalisation fournit du gaz non-seulement pour les bâtiments, mais encore pour la voie ferrée et pour la surface entière de la gare. On ne devrait donc, en supposant que cette canalisation de gaz dût entrer dans l'estimation de la valeur locative, n'y comprendre que la partie afférente aux bâtiments, et laisser en dehors celle qui est afférente à la surface de la gare et aux voies ferrées.

J'ajouterai que cette canalisation et ces appareils d'éclairage ne sont pas entrés dans l'estimation des bases de l'impôt de 1861. Elles ne figurent pas, en effet, dans les carnets de l'Administration, ainsi que l'attestent d'ailleurs, pour cet article et pour tous ceux qui se trouvent dans le même cas, MM. les membres de la commission des contributions directes présents à l'expertise. Or, faire entrer dans la vérification de la taxe de patente de 1861, objet de la réclamation, cette canalisation du gaz et les appareils d'éclairage, serait violer l'article 13 de la loi du 4 juin 1858, puisque ce serait imposer supplémentairement, d'une manière indirecte, cette canalisation et les appareils qui ne sont pas compris dans les bases de la taxe de 1861, et qui, d'ailleurs, ne sont pas imposables.

. La même observation s'applique à l'outillage des ateliers de réparation et des autres bâtiments de la gare qui fait l'objet de l'article suivant. La Compagnie fournit la preuve qu'à l'exception de la machine à vapeur des ateliers d'ajustage et de montage, et celle de la carrosserie, l'outillage n'est pas entré dans l'estimation de la valeur locative sur laquelle l'impôt est établi. Le grand atelier pour carosserie et peinture, avec étage sur les dix travées du milieu, le grand hangar fermé contenant, dans la première partie, les forges et la scierie ; dans la deuxième, les machines à tourner dans la troisième, le montage des locomotives, etc., avec les prolongements que ces bâtiments ont reçus, sont imposés à raison d'une valeur locative de 5 francs par mètre carré superficiel, sans qu'il soit fait aucune mention des machines et outils qu'ils renferment. En 1852, on a imposé seulement la machine à vapeur des ateliers sur un valeur locative de 800 francs, sous la désignation de *force motrice*. Pour le réservoir même, on n'a imposé que le petit bâtiment octogone sur une valeur locative de 120 francs, sans soumettre à l'impôt le réservoir en tôle, considéré comme outil.

Lorsque les évaluations de la valeur locative ont été faites, on était plus près qu'aujourd'hui de l'époque à laquelle la loi fut discutée et promulguée, et on se renfermait davantage dans sa lettre et dans son esprit.

12ᵉ QUESTION. — L'outillage mobile doit-il entrer dans l'appréciation de la valeur locative des bâtiments de la gare?

Solution commune aux deux experts.

L'article 9 de la loi du 25 avril 1844 porte que les instruments matériels de production doivent entrer dans

. l'appréciation de la valeur locative des établissemens industriels.

L'outillage des chemins de fer n'est pas un instrument de production. Il sert purement et simplement aux réparations, ou au chargement et au déchargement des wagons. Il n'est donc pas dans la condition de l'article précité pour entrer dans l'appréciation de la valeur locative.

13e QUESTION. — L'outillage fixe doit-il entrer dans l'estimation de la valeur locative?

Solution de M. Allard, expert de la Compagnie.

La solution de cette question est à peu près la même que celle relative à l'outillage, considéré en général.

Cet outillage n'est pas un instrument de production. Il ne se trouve pas, par conséquent, dans la catégorie des moyens matériels de production qui, d'après l'article 9 de la loi du 25 avril 1844, doivent entrer dans l'estimation de la valeur locative.

Le Conseil d'administration des contributions directes et le ministre des finances examinèrent cette question à l'occasion du pourvoi de la Compagnie du chemin de fer de Montpellier à Nîmes, et ils ne pouvaient manquer de la résoudre en se conformant aux dispositions de la loi précitée.

L'examen du dossier de cette affaire leur fit reconnaître qu'on avait imposé à la contribution des patentes, sur une valeur locative de 8,000 francs, l'outillage de chargement et de déchargement, les machines à vapeur, machines pour transmission du mouvement, machines-outils et le menu outillage des ateliers de réparation. Quoique la réclamation ne demandât que la suppression de la valeur locative afférente à la surface de la gare, aux murs de clôture, aux plaques tournantes et aux rails conduisant aux remises de locomotives et de voitures, aux halles de chargement et de déchargement, aux ateliers de réparation, ou placés à l'intérieur de ces bâtiments, ils ne crurent pas devoir laisser passer cette violation de l'article 9 de la loi du 25 avril 1844 sans la relever.

Le Conseil d'administration des contributions directes disait, dans son avis : « Quant à l'outillage, le Conseil émet l'avis qu'il ne saurait être, pour les chemins de fer, considéré comme un moyen matériel de production, ainsi que pour les usines et manufactures, et que, par suite, c'est à tort qu'il a été compris dans le calcul du droit proportionnel. »

Le ministre des finances adopta les conclusions du Conseil d'administration des contributions directes, en se référant à l'*annotation insérée* dans le tarif général des droits de patente publié par l'administration, et qui porte que le droit proportionnel, pour les concessionnaires de chemins de fer, ne frappe que sur les locaux occupés par l'administration, les bureaux de recette, salles d'attente, magasins, ateliers et autres bâtiments servant à l'exploitation.

Le Conseil d'État ne s'occupa pas de cette question, attendu que la réclamation de la Compagnie du chemin de fer de Montpellier à Nîmes ne portait pas sur cet objet, et qu'il ne voulait pas et ne pouvait pas statuer *ultra petita*. Mais les avis du Conseil d'administration des contributions directes et du ministre des finances, qui sont d'ailleurs conformes à la lettre et à l'esprit de l'article 9 de la loi du 25 avril 1844, n'en restent pas moins avec toute leur force. La loi n'ayant pas changé, le Conseil d'administration des contributions directes et le ministre des finances ne sauraient donner un démenti à l'avis qu'ils ont émis en 1849, et confondre des machines et autres moyens matériels de réparation, que la loi ne fait pas entrer dans l'estimation de la valeur locative, avec des machines et autres moyens matériels de production, qui seuls doivent, aux termes de la loi, entrer dans l'appréciation de cette valeur.

L'outillage fixe est d'une nature différente de celle de l'outillage mobile. Il est immobilisé; il fait partie de l'immeuble; et, sous ce rapport, il devrait peut-être rentrer, comme l'immeuble, dans l'estimation de la valeur locative.

Mais ici, on se trouve en présence de l'article 13 de la loi du 4 juin 1858. Cet outillage n'entre pas dans l'estimation de la valeur locative sur laquelle l'impôt est établi, et comme il s'agit là d'un fait ancien, existant depuis la création de l'établissement, et non pas d'un changement survenu depuis, et donnant lieu à une augmentation de droits, on ne peut pas reprendre supplémentairement, d'une manière indirecte, cet outillage.

La jurisprudence du Conseil d'État, celle de l'Administration elle-même n'admettent pas ces compensations. — MM. Nugues et Salles exploitent cinq fours à chaux à Écouché (Orne). Ils n'étaient imposés que pour quatre fours, dont deux étaient trop fortement évalués. Le Conseil de préfecture avait voulu compenser en partie la réduction due sur ces deux fours au moyen de l'imposition du cinquième four. Mais le Conseil d'État, sur l'avis conforme du ministre des finances, a annulé la décision du Conseil de préfecture, en se fondant sur ce que quatre de ces fours seulement sont imposés, et que c'est dès lors à tort que le Conseil de préfecture a compris dans son évaluation le cinquième four (arrêt du 3 janvier 1861, n° 31602).

14ᵉ QUESTION. — Doit-on calculer la valeur locative de l'outillage fixe sur le taux de 5 ou sur celui de 10 p. 100?

Solution de M. Allard, expert de la Compagnie.

D'après le modèle de carnet des établissements industriels annexé à l'instruction de M. le directeur général des contributions directes, du 31 juillet 1858, exemple n° 2, la valeur locative de l'outillage fixe, immobilisé, doit être calculée comme celle de l'immeuble dont il fait partie, à raison de 5 p. 100. Le modèle porte que la valeur de l'outillage fixe doit être comprise dans celle des bâtiments

D'après le même modèle, la valeur locative de l'outillage mobile serait seule calculée à raison de 10 p. 100.

15ᵉ QUESTION. — Les cabinets d'aisances placés à côté des bâtiments de départ et d'arrivée, et qui ne sont pas à l'usage exclusif des voyageurs, doivent-ils entrer dans l'estimation de la valeur locative?

Solution de M. Allard, expert de la Compagnie.

Il existe à côté des bâtiments de départ et d'arrivée des cabinets d'aisances qui ne sont pas destinés exclusivement aux voyageurs, aux personnes que leurs affaires appellent à la gare. Ils sont accessibles au public, à toutes les personnes qui, par curiosité, par désœuvrement ou par tout autre motif, viennent autour des bâtiments de départ ou d'arrivée. Ces cabinets d'aisances ne servent évidemment pas à l'exploitation du chemin de fer. A proprement parler, ils n'ont pas de valeur locative. Je pense, en conséquence, qu'ils ne doivent pas entrer dans l'estimation de cette valeur. Ils doivent être considérés comme la remise de voitures placée à côté des bâtiments d'arrivée, dont la Compagnie laisse jouir les voitures de place, sans exiger aucune rétribution.

L'administration de la ville de Paris, qui est animée d'une très-grande impartialité et d'une très-grande sollicitude pour les intérêts du trésor, ainsi que pour ceux des contribuables, comme en ont donné la preuve les deux membres de la commission des contributions qui ont assisté à l'expertise, considère les cabinets d'aisances comme une charge pour les propriétaires et pour les locataires, et fait une déduction sur la valeur locative en considération des frais de vidange. Le même motif me semble devoir faire exclure de l'estimation de la valeur locative, pour établir l'impôt des patentes, les cabinets d'aisances placés en dehors des bâtiments, et ouverts au public et aux nombreux ouvriers du chemin de fer. Ceux qui sont placés à l'intérieur des bâtiments habités ou occupés habituellement par des ouvriers et employés, seraient seuls compris dans l'estimation de la valeur locative, sur laquelle cette contribution est établie.

Ces cabinets d'aisances ne sont pas entrés dans l'estimation de la valeur locative sur laquelle est établie la taxe de patente de 1861. On ne les voit pas figurer, en

4

effet, dans les carnets de l'administration. Or, fairé entrer dans la vérification de la taxe de patente de 1861, objet de la réclamation, ces cabinets d'aisances, qui d'ailleurs n'ont pas de valeur locative, serait violer l'article 13 de la loi du 4 juin 1858, puisque ce serait imposer supplémentairement, d'une manière indirecte, ces cabinets qui ne sont pas compris dans les bases de cette taxe.

Cette observation s'applique également au pavage des rampes et des voies d'accès de la gare, qui font l'objet de l'article suivant.

16ᵉ QUESTION. — Le pavage des rampes et des voies d'accès de la gare doit-il entrer dans l'estimation de la valeur locative?

Solution commune aux deux experts.

L'État, en faisant aux Compagnies la concession des chemins de fer, a voulu sans doute leur donner les moyens d'exploiter l'industrie du transport des voyageurs et des marchandises, en vue de laquelle cette concession leur est faite. Or, pour que les voyageurs puissent aborder la voie ferrée, et, arrivés au terme de leur voyage, rentrer commodément à leur domicile, pour que les manufacturiers et les négociants puissent faire porter leurs marchandises aux halles de chargement, et faire retirer des halles de déchargement celles qui leur sont expédiées, il faut que les voitures et les camions puissent arriver facilement à ces halles. Des voies d'accès sont donc une dépendance nécessaire, indispensable de la voie ferrée, qui ne transporte pas sans doute les voyageurs pour les parquer dans ses salles d'attente, les marchandises pour les empiler sous ses hangars. Dans une gare comme celle de Paris, où le mouvement des voitures est fort considérable, il faut que ces voies d'accès, ces rampes soient pavées, afin que les voitures puissent circuler facilement, sans être exposées à enfoncer dans la boue.

Les voies d'accès sont le trait d'union entre la voie ferrée et les voies publiques ordinaires, et elles doivent, les unes et les autres, être exemptes de l'impôt.

Est-ce que, lorsque l'État a fait construire lui-même des chemins de fer et les a ensuite concédés à des compagnies, les voies d'accès, avec leur pavage, leur macadamisage ne faisaient pas partie de la concession? Est-ce que, lorsqu'à l'expiration de la concession, l'Etat prendra les voies ferrées, il ne prendra pas aussi les voies d'accès? Est-ce qu'il paiera aux Compagnies la valeur des voies d'accès et celle de leur pavage? Non, certainement.

Les voies d'accès, les rampes avec leur pavage sont indispensables à l'exploitation des chemins de fer. Elles sont la propriété de l'État qui les prendra à l'expiration de la concession, sans payer d'indemnité à la Compagnie; car c'est bien là une propriété immobilière formant une dépendance et le complément de la gare. Il ne s'agit pas ici d'une propriété bâtie. Donc, les rampes d'accès avec leur pavage ne doivent pas entrer dans l'estimation de la valeur locative imposable à la patente.

17° QUESTION. — Le pavage des autres parties de la gare doit-il entrer dans l'estimation de la valeur locative?

Solution de M. Allard, expert de la Compagnie.

Le Conseil d'État a décidé, par son arrêt du 23 juin 1849, n° 20,961, sur le pourvoi relatif à la gare de Nîmes, que la surface de la gare non couverte de bâtiments ne doit pas entrer dans l'estimation de la valeur locative sur laquelle est établi le droit proportionnel de la taxe de patente, attendu que c'est une dépendance de la voie publique.

Cet arrêt n'a fait au surplus que confirmer les instructions du Directeur-général des contributions directes, reproduites dans l'article 45 de l'instruction du 31 juillet 1858, qui portent qu'on ne doit faire entrer dans l'estimation de cette valeur locative que ce qui est propriété bâtie. En conséquence, ni ces parties de la gare, ni leur pavage ne doivent être compris dans cette estimation.

On a dit qu'il fallait prendre autour de chaque bâtiment un espace égal en superficie au bâtiment lui-même, ou un espace de deux mètres à l'entour du bâtiment et sur chacune de ses faces, et en estimer la valeur locative comme s'il faisait partie du bâtiment (1). Je ne puis m'expliquer cette addition de valeur locative. Est-ce que, lorsqu'on a évalué la valeur locative du grand hôtel du Louvre, on a compris dans l'évaluation une partie des rues de Rivoli, de Marengo, Saint-Honoré et de la place du

(1) Il existe dans l'intérieur de la gare des hangars à charbon qui sont loués par la Compagnie. La location ne comprend que le bâtiment sans y joindre aucune partie du terrain environnant. L'expert de la Compagnie a dû laisser au représentant de la Compagnie le soin de tirer les conséquences très-concluantes résultant de cette comparaison.

Palais-Royal, égale en surface à celle de l'hôtel ? A-t-on opéré de même pour les hôtels des Champs-Élysées? A-t-on pris sur l'avenue des Champs-Elysées une surface égale à celle de chaque hôtel, et en a-t-on ajouté la valeur locative à celle de l'hôtel lui-même?

Mais, dit-on, il faut pouvoir aborder le bâtiment. Et ne l'aborde-t-on pas facilement en traversant la surface de la gare qui est une dépendance de la voie publique? Aujourd'hui on demande un entourage de 2 mètres pour pouvoir aborder le bâtiment. Bientôt on demandera un second entourage pour pouvoir aborder le premier, et d'entourage en entourage, comme ils iront sans cesse en s'agrandissant, on finira par absorber la surface de la gare entière, que les instructions de l'administration et l'arrêt du Conseil d'État ont déclaré ne devoir pas entrer dans l'estimation de la valeur locative.

Les rues de Rambouillet et autres, qu'on cite n'entourent pas immédiatement les bâtiments du chemin de fer comme l'est l'hôtel du Louvre par les rues de Rivoli et autres. Ces bâtiments sont entourés par les terrains nus de la gare, et les arrêts du Conseil-d'État, comme les décisions de l'administration, portent que ces terrains nus ne doivent pas entrer dans l'estimation de la valeur locative imposable. Je me réfère, au surplus, à ce que j'ai dit à ce sujet sur la deuxième question.

D'ailleurs, nous nous trouvons de nouveau ici en présence de l'article 13 de la loi du 4 juin 1858.

Les bâtiments de la gare n'entrent dans l'estimation de la valeur locative, qui sert de base à l'impôt pour 1861, que pour leur surface effective, sans additon aucune. Les pavages extérieurs ne sont pas entrés dans cette estimation ainsi que l'attesteront d'ailleurs MM. les

membres de la commission des contributions directes. Or
faire entrer dans l'estimation de la taxe de patente de
1861, l'objet de la réclamation, cet entourage de bâtiments avec son pavage qui, dans tous les cas, ne sont pas
imposables comme appartenant à la surface de la gare
non couverte de bâtiments, et formant une dépendance
de la voie publique, serait violer l'article 13 précité de la
loi du 4 juin 1858, puisque ce serait imposer supplémentairement, d'une manière indirecte, cette partie de la
surface de la gare qui d'ailleurs n'est pas imposable.

18ᵉ QUESTION. — La valeur locative des bâtiments de
la gare doit-elle subir un rehaussement en considération
de l'augmentation du prix des terrains et des constructions depuis 1852?

Solution de M. Allard, expert de la Compagnie.

Les circonstances qui tendent à faire augmenter incessamment la valeur locative des établissements industriels
et commerciaux, et, sous quelques rapports, celle des
maisons d'habitation, n'existent pas pour les bâtiments
des gares des chemins de fer, sauf toutefois pour ceux qui
servent à l'habitation ou aux bureaux. Ces circonstances
sont d'abord la concurrence, ensuite les avantages de position et, le plus souvent, l'achalandage, ou, tout au moins,
l'exploitation dans l'établissement à louer d'une industrie
ou d'un commerce analogues à ceux des preneurs. Ces éléments, qui entrent pour une partie assez considérable
dans les augmentations successives des valeurs locatives,
ne se retrouvent plus lorsqu'il s'agit des bâtiments des

gares des chemins de fer. Ici il n'y a pas de concurrence qui puisse faire augmenter la valeur locative ; il n'y a pas d'avantage de position, d'achalandage qui puissent exercer la même influence en faisant espérer un accroissement de recettes et de bénéfices. Ce ne sont pas d'ailleurs les Compagnies qui ont fixé l'emplacement de leurs gares. Il a été prescrit par l'administration.

Les bâtiments des gares ne sont pas susceptibles d'être vendus ni d'être loués. Les compagnies des chemins de fer ne sont donc pas, sous ce rapport, dans la même position que les propriétaires des autres constructions, qui peuvent, au bout d'un certain nombre d'années, les vendre plus cher, les loués plus cher, et réaliser ainsi des accroissements de capitaux et de revenus. Pour ceux-ci la valeur capitale et la valeur locative suivent une progression croissante, tandis que ces valeurs restent invariables pour les bâtiments des gares des chemins de fer, puisque les compagnies, ne pouvant ni vendre ni louer ces bâtiments, qui servent à leur propre industrie, ne profitent pas de ces avantages d'accroissement de valeur capitale et de valeur locative. Ce sont des bâtiments retirés du mouvement des affaires, des bâtiments condamnés à recevoir toujours la même destination, ce sont, en un mot, des biens de main-morte. La valeur des terrains, celle des matériaux de construction auront beau augmenter de tous côtés, et par suite les frais de construction suivre une progression ascendante, la valeur locative des bâtiments des gares ne subira pas d'augmentation, car ces bâtiments, dont les compagnies ne sont pas propriétaires, mais dont la concession leur est faite par l'État qui ne les laisserait pas démolir ou tomber en ruines sans exiger qu'on construisît immédiatement d'autres bâtiments pour

les remplacer, sont destinés à rendre toujours les mêmes
services, à présenter toujours la même utilité; et comme
l'utilité est l'une des mesures de la valeur des objets, il
en résulte que la valeur locative des bâtiments des gares
non destinés à l'habitation doit rester invariable.

On objecte que les bénéfices des chemins de fer suivent
une progression ascendante, et que la valeur locative des
bâtiments doit suivre la même progression.

L'exploitation des chemins de fer ne remonte pas encore
assez loin, pour qu'on puisse affirmer qu'il y aura toujours
progression croissante dans les revenus nets. La question
est d'ailleurs moins simple qu'elle ne le paraît. Il y aurait
pour la résoudre une foule de questions secondaires à
examiner, telles que celle de la situation du matériel
roulant, comparativement à l'état dans lequel il se trou-
vait au moment de l'ouverture des diverses sections du
chemin de fer, la nécessité de le renouveler en plus ou
moins grande quantité, à des époques plus ou moins
rapprochées, etc. D'ailleurs, les compagnies ne sont pas
maîtresses de leur tarif. Aucune modification ne peut y
être faite sans l'agrément du gouvernement, et cette circonstance peut n'être pas sans influence sur la quotité
des recettes et sur celle des bénéfices. Enfin, on ne voit
pas bien la corélation qui peut exister entre la progression ascendante des produits nets et l'accroissement de la
valeur locative des bâtiments des gares.

Cette objection est d'ailleurs sans fondement. L'erreur
qu'on fait à cet égard vient de ce qu'on ne tient pas compte
de la différence qui existe entre les bâtiments des gares
des chemins de fer et les autres constructions.

Un propriétaire possède une maison appropriée pour
le commerce et dont la location est recherchée par de

nombreux concurrents, soit à cause de la prospérité commerciale, soit parce que le percement de rues, de boulevards attirent de nombreux acheteurs dans le quartier où elle est située. Il profite de cette circonstance pour augmenter le prix du loyer, et le négociant qui y est installé consent à subir toutes ses exigences pour n'être pas remplacé par l'un des concurrents qui voudraient le déposséder. C'est à cette cause, et à cette cause seulement qu'il faut attribuer l'augmentation des valeurs locatives, et non à l'accroissement du prix des matériaux de construction et des terrains.

Les mêmes circonstances ne sauraient faire augmenter la valeur locative des bâtiments des gares, puisqu'il n'y a pas ici de concurrence à redouter. Mais la valeur locative sur laquelle est établie la taxe de patente des chemins de fer, loin de rester stationnaire, comme le croient les personnes qui présentent cette objection, augmente tous les ans et même dans une proportion très-considérable. Seulement l'augmentation, se produit d'une autre manière que pour les maisons et les manufactures.

Au fur et à mesure que s'étend le trafic des chemins de fer, il faut élever de nouvelles constructions, et ce sont ces nouvelles constructions qui font augmenter incessamment la valeur locative servant de base à la patente.

L'ancienne gare de Paris nous en donne la preuve :

En 1852, la surface couverte de bâtiments était de 22,130 mètres; au 1er janvier 1861 elle était de 47,929. Elle avait plus que doublé; elle avait augmenté de 117 pour cent, et depuis lors elle a augmenté encore.

En 1852, la valeur locative des bâtiments de l'ancienne gare de Paris était d'après l'administration de 259,500 fr.

Elle s'est élevée au 1er janvier 1857 à . . . 293,070
— — 1858 à. . . 335,200
— — 1859 à. . . 347,900
— — 1860 et 1861 359,600
— — 1862 à. . . 369,500

et depuis lors elle a subi encore de nouvelles augmentations.

La valeur locative sur laquelle est imposée la Compagnie ne reste donc pas stationnaire, puisqu'elle a augmenté en dix ans de plus de 42 pour cent et que, par l'effet des nouvelles constructions qui ont été exécutées depuis, elle doit beaucoup augmenter encore pour l'assiette de la taxe de 1863.

La valeur locative de l'arrière-gare de Bercy, qui était, au 1er janvier 1860, de 89,300 fr , et au 1er janvier 1861 de 176,030 fr., s'est élevée au 1er janvier 1862 à 253,000 francs. Elle a presque triplé en trois ans, et des bâtiments considérables élevés en 1862 la feront augmenter encore pour 1863 dans une proportion très-forte.

C'est dans ces constructions de nouveaux bâtiments qu'il faut chercher un accroissement de valeur locative qui réponde à celui du trafic de la Compagnie, et non pas dans une augmentation du prix de matériaux de construction qui n'ont pas servi à construire les bâtiments de la gare, ni dans l'augmentation du prix des terrains sur lesquels ces bâtiments ne sont pas construits. Ces augmentations, survenues postérieurement à la construction, ne sauraient en effet entrer dans la dépense faite pour cet objet, laquelle sert de base pour la fixation de la valeur locative. On perd toujours de vue que c'est sur la valeur locative que l'on asseoit l'impôt ; que cette valeur locative a été établie au moment de la construction ;

et que, comme elle ne peut ni augmenter ni diminuer pour les bâtiments des gares, attendu qu'étant placés en dehors du mouvement des affaires, ils ne peuvent pas subir ces augmentations de valeur que produit la concurrence ou l'amélioration d'un quartier sous le rapport commercial, la valeur locative primitivement fixée doit rester invariable, l'augmentation du trafic et des bénéfices de la Compagnie se traduisant par l'augmentation de valeur locative résultant de la création de nouvelles constructions.

En un mot, c'est la concurrence, l'achalandage, la bonne position qui, plus que l'accroissement du prix des matériaux de construction et des terrains, fait augmenter la valeur locative des établissements industriels et commerciaux et des maisons d'habitation. Toutes ces circonstances ne sauraient faire augmenter ou diminuer la valeur locative des bâtiments des gares, car ils sont placés en dehors de leur action. Donc, la valeur locative de ces bâtiments étant une fois régulièrement fixée, ne saurait, sans de graves circonstances, subir des modifications.

19ᵉ QUESTION.—Quel est le rapport qui existe entre la valeur de construction des bâtiments et leur valeur locative?

Solution de M. Allard, expert de la Compagnie.

Les bâtiments servant à l'exploitation des chemins de fer n'étant généralement pas loués, et leur valeur locative ne pouvant pas être établie par comparaison avec des bâtiments de la même nature affermés, nous avons dû, ainsi que le prescrit l'article 9 de la loi du 25 avril 1844, recourir à l'estimation par voie d'appréciation. Néanmoins, lorsqu'il s'est agi de bâtiments servant exclusivement aux bureaux ou à l'habitation, tels que les maisons de concierges, la maison dite de la traction, etc., ou des portions de bâtiments consacrés à la même destination, nous en avons estimé la valeur locative par voie de comparaison.

La valeur de construction des bâtiments a été établie en prenant pour base le prix d'acquisition du sol et les mémoires des entrepreneurs que nous avons complétés, lorsque cela a été nécessaire, en faisant des évaluations par voie d'appréciation.

L'application du taux de 5 p. 100 est généralement considérée comme propre à donner les résultats les plus rapprochés d'une valeur locative normale; il est recommandé par l'administration elle-même, et c'est celui qui est adopté pour déterminer la valeur locative de toutes les gares des chemins de fer.

On a prétendu qu'à Paris on plaçait en construction de maisons à un taux supérieur à 5 p. 100, et qu'on évalue à 6 1/2 p. 100 et même à 7 p. 100.

Les Compagnies de chemins de fer ne peuvent élever aucune construction sans en avoir préalablement soumis le projet à M. le Ministre des travaux publics, et on nous a donné connaissance de lettres de ce ministre qui enjoignent aux Compagnies d'apporter dans les projets des changements qui quelquefois augmentent CONSIDÉRABLE-MENT la dépense de construction de certains bâtiments, sans qu'ils puissent, après ces changements, rendre une plus grande masse de services.

Le bâtiment des voyageurs de la gare de Paris du chemin de fer de Paris à Lyon, bâti sur les projets approuvés par M. le Ministre des travaux publics, a coûté 2,000,000, qui, à raison de 5 p. 100, donnent une valeur locative de 100,000 fr. Il est possible que la Compagnie, si elle n'avait pas été forcée de soumettre son plan à M. le Ministre des travaux publics, eût pu faire construire un bâtiment rendant les mêmes services pour 1,250,000 fr. Les 100,000 fr. de valeur locative reviennent à 8 p. 100 de ce capital.

Il ne faut pas d'ailleurs perdre de vue que les Compagnies ne peuvent pas, comme les particuliers, rester pour leurs constructions dans la limite des dépenses qu'elles ne voudraient pas franchir. Souvent elles sont obligées de dépasser celles dans lesquelles elles se seraient renfermées si elles avaient été parfaitement libres.

Ces considérations ont été pour moi un premier motif de ne pas augmenter le taux de 5 p. 100, indiqué d'ailleurs par l'Administration des contributions directes elle-même, par le Ministre des finances et par la section des finances du Conseil-d'État.

Il faut observer que c'est principalement la concurrence des locataires, l'achalandage, la bonne position des maisons de commerce et des établissements industriels appartenant aux particuliers, qui font augmenter la valeur locative. Or, toutes ces causes sont sans influence sur la valeur locative des bâtiments des chemins de fer. C'est le Ministre qui fixe l'emplacement de leurs gares, et leurs bâtiments, n'étant pas destinés à être loués, n'ont pas à profiter de cette augmentation de valeur que donnent la concurrence des locataires et l'achalandage de la maison ou de l'établissement.

L'Administration des contributions directes recommande avec juste raison de tendre à obtenir partout, autant que possible, des résultats uniformes dans l'estimation des bâtiments des chemins de fer. Cette uniformité est, en effet, un principe fondamental en matière d'impôt, puisque chacun doit contribuer au paiement des charges publiques dans la proportion de son revenu. Or, comment établirait-on cette uniformité si, après avoir adopté le taux de 5 p. 100 pour toutes les gares, on portait aujourd'hui à 6 ou à 6 1/2 p. 100 celui de la gare de Paris du chemin de fer de Paris à Lyon, fixé jusqu'à présent à 5 p. 100.

Personne n'ignore, d'ailleurs, que la construction des bâtiments des gares des chemins de fer coûte proportionnellement plus cher que celle des bâtiments des particuliers. Cette différence vient surtout de la qualité supérieure des matériaux employés, de la rapidité avec laquelle on demande que les travaux soient terminés, ce qui exige des heures supplémentaires de travail et des travaux de nuit toujours plus chèrement payés que les travaux faits dans les conditions ordinaires ; enfin, de ce que les entrepreneurs, auxquels on peut confier des travaux aussi importants, doivent posséder des capitaux et un matériel considérables afin de pouvoir les exécuter promptement et offrir des garanties pour l'immense responsabilité qu'ils encourent. Ils sont, pour ce motif, en petit nombre, et l'absence de concurrence doit faire élever les prix.

Toutes ces circonstances prouvent que si un particulier peut, dans quelques cas exceptionnels, placer comme on le prétend à 6 p. 100 en construction de bâtiments, les Compagnies de chemin de fer ne placent peut-être pas à 4 p. 100. Des cessions d'adjudications, faites sur divers points de la France par les adjudicataires des constructions des compagnies à des sous-entrepreneurs, démontrent que ceux-ci ont pu exécuter ces travaux avec un rabais de 40 p. 100. Ainsi ce qui a coûté aux compagnies 100 fr. n'a donné lieu qu'à une dépense réelle de 60 fr. Or, si des constructions faites par des particuliers peuvent rapporter 6 et même 7 p. 100, c'est-à-dire, sur un capital de 60 fr. 3 fr. 60 et 4 fr. 20 c., cela ne revient, pour les dépenses faites pour les bâtiments des chemins de fer qu'à 3 3/4 et 4 1/5 p. 100, taux bien inférieur à celui de 6 ou 7 p. 100 donné dans cette circonstance seulement par les agents de l'administration, et même à celui de 5 p. 100 indiqué et conseillé par l'administration elle-même.

On assure que M. l'Inspecteur, qui a dirigé l'expertise, a dressé et doit présenter un état de plusieurs maisons situées dans le quartier de la gare, et duquel il résulte que ceux qui les ont achetées, ont placé leurs capitaux à raison de 6 1/2 et même de 7 p. 100.

Cet état ne saurait être valablement opposé. Nous avons en effet basé notre appréciation sur les frais de construction et l'état annoncé donne des prix de vente. La base n'étant pas la même, la comparaison n'est pas possible. D'ailleurs personne n'ignore qu'en général un propriétaire ne tire pas de la vente d'une maison qu'il a fait construire la somme qu'elle lui a coûté. S'il vend 100,000 fr. une maison dont la construction lui revient à 120,000 fr. et qu'il louait 6,000 fr., son acheteur tirera 6 p. 100 de ce qui ne lui rapportait que 5 p. 100. Et en outre y a-t-il quelque analogie entre les maisons portées sur cet état, dont quelques-unes sont plus ou moins vieilles ou construites avec des matériaux de beaucoup inférieurs en qualité et en valeur, et les bâtiments de la gare du chemin de fer, construits avec des matériaux de première qualité? D'ailleurs, une maison ancienne se vendra toujours proportionnellement moins cher qu'une maison de construction récente.

Ainsi, l'état de M. l'Inspecteur ne saurait aucunement donner les moyens de faire connaître la base à adopter pour établir la valeur locative des bâtiments de la gare. Il y en a en effet entre la valeur des maisons qui y sont portées et la valeur de ces bâtiments, la même différence que celle qui existe entre la valeur d'un instrument qu'on fait confectionner avec soin, par l'un des fabricants les plus renommés, et celle d'un instrument qui a déjà servi et qu'on achète de rencontre.

Il existe à Paris des entrepreneurs, des spéculateurs, qui bâtissent des maisons pour les revendre ensuite et réaliser un bénéfice. Ces maisons ont à l'extérieur une certaine apparence. Mais elles sont construites fort légèrement à l'intérieur. Les murs donnant sur les cours, au lieu d'avoir de 50 à 60 centimètres d'épaisseur, n'ont que de 20 à 2 centimètres. Ce sont très-souvent de simples galandages. Souvent aussi on fait entrer dans la construction de vieux matériaux en moëllons, bois, etc. Quelquefois la peinture remplace la pierre de taille. Ils louent ces maisons, et puis, lorsque tous les appartements sont occupés, ils les mettent en vente en se contentant d'un léger bénéfice sur les frais de construction. Il est évident que des maisons construites dans de telles conditions coûtent proportionnellement beaucoup moins cher que les bâtiments des chemins de fer. L'acquéreur place son argent à 6, 6 1/2 et 7 p. 100. Mais combien d'années dureront ces maisons? A quelle somme s'élèveront les dépenses annuelles pour frais d'entretien et de réparations? N'y a-t-il pas plusieurs de ces maisons sur l'état de M. l'inspecteur?

Un propriétaire a fait bâtir une maison qui lui coûte 200,000 fr. et qu'il loue 10,000 fr. Mais il trouve que lorsqu'il a payé les frais d'entretien et de réparations, les contributions, l'éclairage des parties communes à tous les locataires, les gages du concierge, la vidange des fosses, et qu'il a fait la part des appartements non loués, il ne lui reste qu'un très-faible intérêt du capital qu'il a engagé dans cette affaire. Il reconnaît qu'il y aurait plus d'avantages pour lui à vendre, même avec perte, cette maison, et à acheter des fonds publics, des actions industrielles, qui ne sont grevées que d'un très-faible impôt, et qui sont d'une réalisation si facile. Il aura un intérêt plus élevé que le revenu net qu'il tirait de sa maison, et la chance de voir augmenter le capital employé à cette acquisition de valeurs industrielles ou de rentes sur l'État, tandis que la valeur capitale de sa maison allait sans cesse en décroissant par l'effet du dépérissement. En conséquence, il vend 160,000 fr. ce qui lui a coûté 200,000 fr. Un marchand, qui quitte les affaires, se rend acquéreur de la maison, parce qu'il trouve là un placement solide et un intérêt de 6 1/4 p. 100 et de 6 2/3 si son acquisition ne lui coûte que 150,000 fr.

Voilà dans quels cas on fait des placements de plus de 5 p. 100 en acquisition de maisons. Mais, je le répète, ce sont les frais de construction et non les prix d'achat que nous avons pris pour base de notre appréciation de la valeur locative. Il faut donc rejeter tous les états et tous les calculs basés sur le prix d'acquisition.

En résumé, les bâtiments construits dans les conditions de solidité, de bonne qualité des matériaux, de célérité que présentent les bâtiments si considérables des gares de chemin de fer, ne peuvent, sous aucun rapport,

être comparés avec les bâtiments construits par des particuliers. Ils doivent nécessairement coûter beaucoup plus
cher relativement à leur valeur locative. L'Administration elle-même a fixé cette valeur locative à 5 p. 100 de
la valeur de construction et de la valeur du sol. C'est le
taux qui a été adopté sur tous les points de la France
pour tous les bâtiments des gares, et cette indication a
été donnée par l'Administration, afin d'arriver autant
que possible, comme elle le dit, à des résultats uniformes, principe fondamental en matière d'impôt. La conscience publique répète qu'on ne place jamais à plus de
5 p. 100 en construction de maisons présentant toutes les
conditions de solidité et de durée, qu'on trouve dans les
bâtiments des gares des chemins de fer. On ne comprend
pas quel motif pourrait faire donner aujourd'hui un démenti à ce cri de la conscience publique, à ces conseils si
formels et si équitables de l'Administration. Qu'y a-t-il
donc de si extraordinaire dans la construction des bâtiments de la gare de Paris, des chemins de fer de Paris à
Lyon et à la Méditerranée, pour que seuls entre tous les
bâtiments de toute nature, non-seulement de Paris, mais
de la France entière, on en compte la valeur locative
à raison de plus de 5 p. 100 de la valeur de construction, tandis que pour tous les autres on la compte
à 5 p. 100 et quelquefois même au-dessous? A quelle
circonstance doivent-ils cette inexplicable et onéreuse
exception? Poser de telles questions, c'est les résoudre.

Toutes ces considérations m'ont déterminé à établir la
valeur locative sur le taux de 5 p. 100 de la valeur de
construction, augmentée de la valeur du sol pour les bâtiments et les portions de bâtiments dont la valeur loca-

tive n'a pu être établie par comparaison avec celle d'autres bâtiments analogues affermés.

20e QUESTION. — Quels sont les employés du chemin de fer dont l'habitation doit être comprise dans l'estimation de la valeur locative imposable à la patente ?

Solution commune aux deux experts.

L'article 9 de la loi du 25 avril 1844 impose à la contribution des patentés la maison d'habitation du patentable.

L'article 10 de la même loi, interprêté suivant la jurisprudence du conseil d'État, veut que, lorsque l'industrie pour laquelle le patentable est imposable, ne constitue pas sa profession principale, et lorsqu'il n'exerce pas cette industrie par lui-même, il ne paie le droit proportionnel afférent à l'habitation que sur la maison d'habitation de l'agent préposé à l'exploitation.

Cette dernière disposition est applicable aux chemins de fer. Ils sont exploités par une compagnie anonyme. Ce sont donc les habitations des agents préposés à l'exploitation pour les gares de Paris et de Bercy, celles des chefs de ces deux gares, qui sont imposables à la patente. Elles doivent être imposées au 20e.

L'habitation du patentable ou de son agent est imposée à la contribution des patentes, parce qu'elle peut, selon qu'elle est plus ou moins considérable, donner une idée, fournir la mesure des bénéfices du patentable.

Il est évident qu'on ne peut pas donner le même motif pour l'imposition de l'habitation des employés. On dit que par l'article 9, la valeur locative des locaux servant à l'exercice des professions imposables doit aussi être soumise à la contribution des patentes. Mais, est-ce que l'habitation des employés attachés aux ateliers, au dépôt des machines, à l'entretien de la voie, au camionage, sert à l'exercice de la profession? Evidemment non. Elle sert seulement à loger ces employés.

L'administration, interprétant cette disposition des articles 9 et 10, dit qu'on doit faire entrer dans les éléments du droit proportionnel les bureaux, les logements occupés par les gérants, dans l'intérêt de l'exploitation, et, en général tous les locaux servant à la direction ou à la surveillance des établissements; mais qu'on ne doit pas y faire entrer les locaux dans lesquels sont logés les ouvriers et autres employés. Donc, l'habitation des employés dont nous venons de parler ne doit pas entrer dans les éléments du droit proportionnel, puisque ces locaux ne servent pas à la direction et à la surveillance de l'établissement. Si la Compagnie avait besoin du logement de ces employés pour y établir des bureaux ou des magasins, elle pourrait les inviter à aller loger en ville, sans que son service en éprouvât le moindre dommage.

Parmi les habitations, nous ne connaissons, comme servant à la surveillance, que celles des deux concierges. Leur valeur locative doit être imposée au 40e, attendu qu'on ne les soumet à la contribution que comme locaux servant à l'exercice de la profession, comme faisant partie de l'établissement industriel.

Nous croyons devoir citer, à l'appui de notre opinion, un arrêt du conseil d'État, en date du 29 janvier 1862.

Considérant que, d'après l'article 9 de la loi du 25 avril 1844, le droit proportionnel est établi sur la valeur locative tant de la maison d'habitation que des locaux servant à l'exercice des professions imposables ; que si les bâtiments où sont déposées les marchandises des sieurs Japy frères, et le logement du gérant préposé à la surveillance de ces marchandises, doivent être considérés comme affectés à l'exercice de la profession des requérants, et compris dès lors comme imposables, au droit proportionnel de la patente, il n'en peut être de même du logement des autres employés et des ouvriers ; qu'en conséquence il y a lieu de réduire la valeur locative servant de base au droit proportionnel dont sont passibles les requérants.

RAPPORT *de* M. ALLARD, *expert de la Compagnie des chemins de fer de Paris à Lyon et à la Méditerranée, sur la vérification de la valeur locative imposable à la patente pour 1861, de la gare et de l'arrière-gare ou gare des marchandises de Paris.*

La vérification de la valeur locative, pour laquelle la gare et l'arrière-gare des chemins de fer de Paris à Lyon et à la Méditerranée sont comprises dans le rôle des patentes de 1861 de la ville de Paris, soulève deux questions d'un ordre différent.

La première, toute contentieuse, a pour objet de rechercher en étudiant la loi, la jurisprudence du Conseil d'Etat et les instructions de l'Administration, quelles sont les parties de la gare qui doivent entrer dans l'estimation de la valeur locative imposable.

La seconde, toute matérielle, a pour objet l'estimation de la valeur locative des parties imposables.

Cette seconde partie présente infiniment moins de difficultés que la première. On ne saurait mettre en doute que les bâtiments de la gare doivent entrer dans l'estimation de la valeur locative. Afin d'arriver plus promptement à des résultats, nous avons procédé à l'estimation de la valeur locative des bâtiments tout en recueillant et étudiant ce qui se rattache à la première question.

Les bâtiments de la gare sont de deux sortes : les uns tels que les bureaux, les habitations, ont leurs analogues dans les quartiers voisins, et nous en avons fixé la valeur locative par voie de comparaison.

Les autres sont bâtis spécialement pour l'exploitation du chemin de fer, et tirent leur valeur des services auxquels ils sont affectés. Ils ne sont pas affermés et ne peuvent pas être comparés à des bâtiments analogues affermés. Conformément aux dispositions de l'article 9 de la loi du 25 avril 1844, nous avons dû les évaluer par voie d'appréciation.

Il fallait donner une base à cette évaluation. Nous n'en avons pas trouvé de meilleures que celle qu'indique l'A ministration : la valeur de construction. La Compagnie a mis à notre disposition la plus grande partie des mémoires des entrepreneurs; nous avons suppléé à ceux qui manquaient, et j'ai eu la satisfaction de me trouver en parfaite conformité d'opinion avec mon collègue, pour tout ce qui concerne l'estimation de la valeur de construction des bâtiments.

J'ai eu le regret de ne pouvoir me mettre également d'accord avec lui, lorsqu'il s'est agi de déterminer quelles sont les parties de la gare qui doivent entrer dans l'estimation de la valeur locative.

Pour former mon opinion à ce sujet, j'ai consulté et étudié les diverses autorités que je devais prendre pour guide dans mon travail. Voici le résultat de mes recherches.

Ni la loi du 25 avril 1844 sur les patentes, ni les lois postérieures sur la même matière, ne mentionnent dans leur texte les chemins de fer. Il n'en est question que dans le tarif annexé à la loi de 1844. Ils font partie du tableau C, et le droit proportionnel doit être calculé au 20e sur la maison d'habitation du patentable et au 40e sur l'établissement industriel.

Comment établira-t-on le droit sur la maison d'habitation ? Le patentable est ici une Compagnie anonyme. — Il y a lieu, dans ce cas, de faire l'application du dernier paragraphe de l'article 10 de la loi du 25 avril 1844 qui est ainsi conçu : « Si l'industrie pour laquelle il (le pa-
» tentable), est assujetti à la patente, ne constitue pas sa
» profession principale, et s'il ne l'exerce pas lui-même,
» il ne paie le droit proportionnel que sur la maison
» d'habitation de l'agent préposé à l'exploitation. »

Ainsi la valeur locative de l'habitation du chef de gare, agent préposé à l'exploitation, doit seule être imposée au 20°.

Il y a deux chefs de gare : l'un à la gare des voyageurs, l'autre à l'arrière-gare de Bercy, ou gare des marchandises.

Quant à l'établissement industriel, imposable au 40e, le droit proportionnel doit en être établi, d'après l'article 9 de la loi du 25 avril 1844, sur la valeur locative des magasins, boutiques, usines, ateliers, hangars, remises, chantiers et autres locaux servant à l'exercice des professions imposables. — Cette valeur locative doit être déterminée, soit au moyen de baux authentiques, soit par comparaison avec d'autres locaux dont le loyer aura été régulièrement constaté ou sera notoirement connu, et, à défaut de ces bases, par voie d'appréciation. — Le droit proportionnel doit être calculé sur la valeur locative de l'établissement pris dans son ensemble, et muni de tous ses *moyens matériels de production*

Là, se réduisent toutes les dispositions législatives relatives à la fixation du droit proportionnel de la patente des chemins de fer. Comme cette industrie nouvelle est d'une nature complètement différente de celle de toutes les autres industries, elle laisse dans une grande incertitude sur celles des parties du chemin de fer qui doivent entrer dans l'estimation de la valeur locative. Heureusement, un pourvoi porté devant le Conseil d'État, à l'occasion d'une réclamation relative à l'imposition à la patente de la gare du champ-de-Mars à Nîmes, a fixé la jurisprudence sur quelques points d'une grande importance.

Je ne répéterai pas ce que j'ai dit à ce sujet dans ma réponse à la question n° 2. Je me bornerai à faire observer que l'arrêt pris à ce sujet par le Conseil d'État, le 23 juin 1849, n° 20961, établit ce point important de jurisprudence :

Les surfaces de gare non couvertes de bâtiments,

Les murs de clôture des gares,

Les plaques tournantes et les voies de gare, existant en dehors de la voie principale, celles qui conduisent aux remises de locomotives et de voitures, aux halles de chargement et de déchargement, aux ateliers de réparations, ou qui sont placées à l'intérieur de ces bâtiments, ne doivent pas entrer dans l'estimation de la valeur locative sur laquelle est établi le droit proportionnel de la taxe de patente.

J'ai dit dans la réponse à la question n° 13 que le Conseil d'administration des contributions directes et le ministre des finances ayant remarqué qu'on avait compris dans la taxe de patente de cette gare du champ-de-Mars à Nîmes, pour une valeur locative de 8,000 fr., l'outillage de chargement et de déchargement, la machine à vapeur fixe, la machine pour transmettre le mouvement, les machines-outils et le menu outillage des ateliers de réparations, ils crurent devoir émettre l'avis que cet outillage ne saurait être considéré, pour les chemins de fer, comme un moyen matériel de production, ainsi que pour les usines et manufactures, et que, par suite, c'est à tort qu'il avait été compris dans le calcul du droit proportionnel.

Cet arrêt du Conseil d'Etat, ces avis du Conseil d'administration des contributions directes et du ministre des finances, n'ont fait au surplus que confirmer les instructions de M. le Directeur général des contributions directes, reproduites dans l'article 45 de l'instruction du 31 juillet 1858 et qui est ainsi conçu :

« Les bâtiments servant à l'exploitation des chemins » de fer, n'étant point généralement affermés et ne pou- » vant guère être comparés à d'autres bâtiments affer- » més, on estimera partout, afin d'arriver autant que » possible à des résultats uniformes, la valeur locative » pour laquelle ils doivent entrer dans les éléments du » droit proportionnel à raison de 5 p. 100 de leur valeur » de construction, augmentée de la valeur du sol.

» On fera entrer dans l'estimation les gares, les sta- » tions, les hangars, *en un mot tout ce qui est propriété* » *bâtie*; mais on n'y comprendra point la voie de fer, les » plaques tournantes, les locomotives et aucune partie » du matériel roulant. »

La loi de finances du 4 juin 1858 contient aussi, rela- tivement à la contribution des patentes, un article 13 qui trouve une application fréquente dans la vérification de la valeur locative des bâtiments servant à l'exploitation du chemin de fer et qui est ainsi conçu :

« Sont imposables au moyen de rôles supplémentaires, » les individus omis aux rôles primitifs qui exerçaient » avant le 1er janvier de l'émission des rôles une profession,

» un commerce ou une industrie sujets à patente; ou
» qui, antérieurement à la même époque, avaient apporté
» dans leur profession, commerce ou industrie des
» changements donnant lieu à des augmentations de
» droits.

» A l'égard des changements survenus dans le cours de
» ladite année, la contribution n'est perçue qu'à partir
» du mois dans lequel la profession a été embrassée ou
» le changement introduit. »

Dans les explications que donne, sur cet article, M. le
Directeur général des contributions directes, aux agents
de son administration, par le § 3 de l'article 111 de l'instruction du 31 juillet 1858, il leur dit :

« Dans aucun cas le contrôleur ne peut établir une
» matrice supplémentaire pour rehausser l'imposition
» d'un patentable, par le seul motif que les éléments de
» cotisation de ce patentable auraient été mal appréciés
» dans le rôle primitif. Il faut, pour qu'il y ait lieu à
» supplément, des *faits nouveaux* réalisés dans l'année
» courante, ou des *faits nouveaux antérieurs* que l'on
» aurait omis de constater. »

Enfin, je dois citer, en dehors des lois financières, l'article 1er de la loi du 15 juillet 1845 qui est ainsi conçu :

« Les chemins de fer construits ou concédés par l'État
» font partie de la grande voirie. »

Voilà toutes les autorités sur lesquelles nous pouvions
nous fonder pour faire notre vérification. Elles laissaient,
ainsi qu'il résulte des nombreuses questions qu'a soulevées cette opération, beaucoup de points susceptibles
d'être controversés. Sous ce rapport, j'ai dû regretter que
notre législation ne procédât pas comme la législation
anglaise qui, dans sa sollicitude pour les habitants, mon-

trant une certaine défiance envers ceux qui sont chargés de l'appliquer, précise tout, prévoit tous les cas qui peuvent se présenter, de sorte qu'il ne reste plus qu'à appliquer presque machinalement la lettre de la loi.

La loi, en France, est formulée presque toujours en termes plus généraux. Le législateur n'a pas tout prévu. Il s'en est rapporté à la bonne foi, à la sagacité de ceux qui sont chargés de l'appliquer, et pour qu'ils l'interprètent sainement, il faut qu'ils recherchent l'esprit dans lequel elle a été présentée, discutée et votée.

Malheureusement, il arrive très-souvent que, quoique l'Administration générale ait recommandé à ses agents d'apporter un esprit de bienveillance et de conciliation dans leurs rapports avec les contribuables, au lieu de se prononcer, dans le doute que fait naître la loi, en faveur de ceux-ci, ils se prononcent contre eux, sans se donner la peine d'étudier l'esprit de la loi qu'ils sont chargés d'appliquer.

Certainement il est du plus haut intérêt pour la sécurité publique que les Compagnies de chemins de fer soient excitées, encouragées à étendre la surface des gares dans lesquelles a lieu un mouvement considérable de voyageurs, telles que celles de Paris, à avoir de nombreuses voies d'évitement, de stationnement, ainsi que pour les manœuvres des locomotives en feu, d'espacer convenablement leurs halles de chargement et de déchargement, leurs remises de locomotives et de voitures, d'avoir des ateliers de réparation bien disposés, afin de pouvoir réparer et entretenir en bon état le matériel de roulement. Eh bien ! c'est une nécessité que n'ont pas encore su comprendre quelques agents de l'Administration. On en a vu trop souvent vouloir contraindre les

Compagnies, par la menace de l'impôt, à circonscrire leurs gares dans les plus étroites limites ; réduire l'immunité à deux simples voies, l'une pour l'aller, l'autre pour le retour, faire entrer dans l'estimation de la valeur locative imposable jusqu'aux entre-voies, établir enfin une distinction entre la voie ferrée et des terrains industriels, entre les voies et les bâtiments qui sont destinés au service des voyageurs d'une part, et ceux qui sont destinés au service des marchandises d'autre part, comme si les gares entières n'avaient pas été concédées avec leurs halles de voyageurs et de marchandises, leurs remises de locomotives et de voitures, leurs ateliers de réparations, etc., pour exercer au même titre l'industrie du transport des marchandises, comme celle du transport des voyageurs.

Heureusement l'arrêt du Conseil d'Etat sur le pourvoi de la Compagnie du chemin de fer de Montpellier à Nîmes a fait disparaître la presque totalité des difficultés qui s'étaient d'abord présentées et qui ne se reproduiront sans doute pas.

Dans la discussion de la loi sur les patentes, le Ministre des finances avait répété à plusieurs reprises, que cette loi n'avait pas un but fiscal, qu'elle n'avait pas pour objet de faire augmenter l'impôt ; qu'elle devait au contraire dégrever les classes industrielles, et produire une diminution assez sensible dans le montant de leur taxe de patente.

M. Prosper de Chasseloup-Laubat, dont les propositions servirent à déterminer les nouvelles bases de l'impôt des patentables du tableau C, dans lequel se trouvent les concessionnaires des chemins de fer, disait aussi que son intention, loin de tendre à un but fiscal, était, au contraire, d'alléger les charges que supportent les établissements industriels, car, ajoutait-il, de tous les capitaux jetés dans les différents genres de spéculation, ceux qui semblaient mériter plus particulièrement l'attention, la bienveillance du gouvernement, sont les capitaux employés à la production.

Cette bienveillance que réclamait M. de Chasseloup-Laubat pour les capitaux employés à la production, doit s'étendre aux chemins de fer, car ils rendent les plus grands services à l'industrie productive en lui apportant, au taux le plus bas possible, les matières premières qu'elle met en œuvre, les houilles, etc., et en transportant les produits manufacturés dans les ports de mer, les places de commerce, et sur tous les points de la France. Plus les impôts dont ils sont frappés seront faibles et plus ils pourront réduire leurs tarifs au grand avantage de l'industrie productive, du commerce et des consommateurs.

Le législateur a donc voulu que cette industrie des transports par les chemins de fer, qui est si utile à la production et à la consommation, fût traitée avec bienveillance en matière d'impôt ; tel est l'esprit de la loi.

J'ai d'autant plus éprouvé le besoin de m'en pénétrer, qu'elle est muette sur les bases de l'évaluation des bâtiments servant à l'exploitation de ces chemins. Cependant ils diffèrent entièrement de tous les autres bâtiments, et les procédés qu'on peut suivre pour ceux-ci ne sauraient nullement être appliqués à ceux-là.

Lorsqu'il s'agit d'établir la valeur locative d'une maison, si on connaît le quartier dans lequel elle est située, le nombre d'étages dont elle se compose, le nombre d'appartements, de pièces à feu ou sans feu qui existent à chaque étage, on peut sans doute, avec ces seuls éléments, en déterminer la valeur locative. On sait, en effet, ce qu'on paie communément pour se loger dans tel ou tel quartier, et s'il existait quelques erreurs en plus ou en moins dans la valeur locative indiquée, une simple comparaison avec des maisons d'égale importance, suffirait pour la faire disparaître.

Il en est de même lorsqu'il s'agit de déterminer la valeur locative d'un simple appartement, d'une manufacture, ou de tout autre établissement industriel, car alors les comparaisons sont possibles.

Mais pour faire l'estimation de la valeur locative du bâtiment des voyageurs, par exemple, dans la gare du chemin de fer, il ne suffit pas de dire d'emblée il est susceptible d'une valeur locative de 200,000 fr. Il faut aussi pouvoir justifier ce chiffre par quelques comparaisons. Or, les comparaisons ne sont pas possibles, car, comme l'a fait justement observer M. le Directeur général des contributions directes, les bâtiments servant à l'exploitation des chemins de fer, ne sont pas générale‑ ment affermés, et ne peuvent guère être comparés à d'autres bâtiments affermés; et c'est pour ce motif qu'il a re‑ commandé d'estimer partout, afin d'arriver autant que possible à des résultats uniformes, la valeur de location pour laquelle ils doivent entrer dans les éléments du droit proportionnel à raison de 5 p. 100 de leur valeur de construction, augmentée de la valeur du sol.

Nous avions cru, mon co‑expert et moi, pouvoir ne pas profiter de ces sages conseils, et fixer d'emblée la valeur des bâtiments de la gare de Paris. Nous avions en consé‑ quence disséqué le bâtiment des voyageurs et fixé la valeur de chacune de ses parties. Mais, lorsque nous avons voulu examiner les résultats obtenus, ils ne nous ont pas inspiré de confiance. Nous avons senti le besoin, pour faire cet immense travail, de nous appuyer sur un guide certain qui pût nous soutenir dans le cours de cette vaste opération. Nous l'avons trouvé dans la mise en pratique des conseils donnés par l'Administration. Cette opinion fut aussi celle du premier expert que M. le Préfet désigna pour faire cette expertise. Comme j'avais commencé à le faire avec lui, le second expert a compulsé avec moi les mémoires des entrepreneurs, et dès-lors nous avons pu poursuivre notre travail d'un commun accord et nous avons fixé, sans éprouver la moindre dissidence, la valeur de construction de tous les bâtiments. Oter cette base au travail de l'expertise, c'est en faire une opération presque dérisoire, qui permet d'atteindre à tel chiffre qu'on désire avoir.

Un bâtiment servant à l'exploitation d'un chemin de fer a une surface de 5,000 mètres carrés et une valeur locative de 30,000 fr. à 6 fr. par mètre carré. On n'a qu'à dire : la valeur locative est de 8 fr. par mètre carré, et alors on arrive au chiffre de 40,000 fr., ou elle est de 10 fr. par mètre carré et alors on arrive au chiffre de 50,000 fr.; ou elle est de 15 fr. par mètre carré et alors on arrive au chiffre de 75,000 fr. Comment vérifiera-t-on quel est celui de ces taux de 6, de 8, de 10, ou de 15 fr. par mètre carré qui est exact ? Les moyens de comparaison et de vérification manquent. L'Administration elle-même le reconnaît, et certes elle est le meilleur juge en pareille matière. On marche alors en aveugle; on prend, à peu près au hasard, l'une de ces évaluations, et on est exposé à adopter celle qui s'écarte le plus de la vérité.

De telles erreurs sont impossibles lorsqu'on opère sur les valeurs de construction, car on a alors un chiffre certain et qui est inattaquable; et, en adoptant cette base uniforme, on est certain d'imposer toutes les gares dans la même proportion.

Au surplus, c'est ainsi que la section du contentieux du Conseil d'Etat a opéré dans l'affaire de la gare du chemin de fer de Montpellier à Nîmes. Les experts n'avaient pas donné de valeur locative; ils n'avaient fixé que des valeurs capitales ; et la section du contentieux, en appliquant à ces valeurs capitales le taux de 5 p. 100, en a déduit les valeurs locatives.

Il est sans doute nécessaire que lorsqu'il s'agit de maisons d'habitation, de manufactures, d'établissements industriels, on en fixe, ainsi que le veut la loi, la valeur locative sans se baser uniquement sur les frais de construction et le prix d'achat de l'outillage. La comparaison avec d'autres maisons, ou d'autres établissements analogues, permettra facilement de ne pas recourir à ce moyen. Mais il n'en est plus de même lorsqu'il s'agit des bâtiments servant à l'exploitation des chemins de fer, parce qu'alors les comparaisons ne sont pas possibles. Ce sont des bâtiments d'une nature toute spéciale. Il faut pour ne pas faire d'erreur, s'appuyer sur une base solide. Cette base, comme l'indique le Directeur général des contributions directes, est la valeur de construction. Enlevez-la, et on est privé du guide sur lequel on se serait appuyé. On dit 60,000 f. lorsqu'il fallait dire 30,000 f. et réciproquement. Quel moyen aurait-on de reconnaître l'erreur? Les comparaisons sont impossibles.

C'est après avoir mûrement pesé toutes ces considérations que nous avons adopté avec empressement, mon

6

collègue et moi, l'appui que nous trouvions dans la connaissance exacte des frais de construction, et que nous avons repoussé avec le même empressement la périlleuse faculté qu'on nous offrait de fixer la valeur locative d'emblée, et sans pouvoir en démontrer l'exactitude par des comparaisons ou par des appréciations plus ou moins fondées.

Au surplus, ces observations s'appliquent aux moyens qu'on doit, dit-on, employer pour combattre les bases que nous avons adoptées, bien qu'elles soient indiquées par l'administration elle-même, et nullement à la manière dont l'impôt est aujourd'hui établi pour la gare de Paris des chemins de fer de Paris à Lyon et à la Méditerranée. Il serait sans doute à désirer qu'on donnât communication aux patentables qui exploitent des établissements industriels des bases sur lesquelles est établie leur valeur locative, comme on le fait pour les opérations du cadastre des propriétés foncières. Ce serait un moyen de prévenir beaucoup de réclamations et de faciliter la vérification de celles qui seraient présentées. Je dois dire au surplus que nous n'avons pas demandé cette communication et qu'elle n'a pu par conséquent nous être refusée. La Compagnie avait déjà une copie de ce travail que nous étions appelés à vérifier.

Je l'ai examiné attentivement et je dois déclarer que, sauf une grosse erreur pour la gare de Paris et une autre grosse erreur pour l'arrière-gare ou gare de Bercy, ce travail m'a semblé en général fait conformément à la loi, aux arrêts du Conseil d'Etat et aux instructions de l'Administration.

Ainsi, comme elle le recommande, la valeur locative a été calculée à raison de 5 p. 100 et non à raison de

6 p. 100. Le terrain avait, en effet, coûté 12 fr. le mètre carré et on a porté dans les évaluations 22130 mètres carrés à 60 c., valeur locative 13200 fr. Or 12 fr. à 5 p. 100, font bien 60 centimes.

Les valeurs locatives établies en 1852 ont été maintenues jusqu'à ce jour sans qu'on ait songé à les augmenter d'un dixième sur le motif que, dans cet espace de 10 ans, le prix des matériaux de construction a augmenté de 10, 50 pour cent.

On n'a fait entrer dans l'estimation de la valeur locative ni la surface de la partie de la gare non couverte de bâtiments, ni son pavage, ni même une surface égale à celle occupée par les bâtiments,

Ni les murs de soutenement des terres remblayées,

Ni les aqueducs et les égoûts pour l'assainissement de la gare,

Ni les conduites d'eau,

Ni la canalisation du gaz et les appareils d'éclairage,

Ni les cabinets d'aisances,

Ni l'outillage, à l'exception, toutefois, des machines à vapeur de la carrosserie et de l'atelier des forges,

Ni les rails et les plaques tournantes destinés à conduire le matériel roulant dans les remises où il est nettoyé et dans les ateliers où il reçoit toutes les réparations nécessaires pour qu'il puisse circuler sur la voie ferrée sans que la vie des voyageurs soit en danger.

On s'est borné à établir la valeur locative des propriétés bâties et celle du sol sur lequel elles reposent à raison d'un prix par mètre carré déterminé d'après la nature des bâtiments.

Mais voici l'erreur qu'on a faite pour la gare de Paris.

On n'a pas su remarquer que la partie de la voie ferrée

sur laquelle ont lieu l'arrivée et le départ des voyageurs,
est une partie intégrante de la voie publique ; qu'elle est
la tête de cette voie pour les voyageurs qui partent de
Paris, la fin pour ceux qui arrivent ; on l'a détachée, par
la pensée, de cette voie, et on a donné à cette partie du
chemin de fer une valeur locative de 94,600 fr. qui s'applique à la fois à la couverture placée au-dessus de cette partie
de la voie, aux rails et aux plaques tournantes qui la com-
posent. D'après l'arrêt du Conseil d'État relatif à la gare
de Nîmes, ni les rails, ni les plaques tournantes ne doivent
entrer dans l'estimation de la valeur locative. On ne doit
estimer que la valeur locative de la couverture de cette
partie de la voie. Nous l'avons fixée, mon collègue et
moi, à 23,750 fr. De sorte que la surtaxe qui pèse sur
la Compagnie, pour cet article seulement, est de 70,850 fr.
de valeur locative.

C'est, pour un expert, une grande satisfaction de pouvoir trouver ainsi, dans une erreur matérielle, la presque
totalité de la surtaxe qui fait l'objet de la réclamation.

L'erreur qui existe pour l'arrière-gare, gare de Bercy
ou gare des marchandises, n'est pas de la même nature.

On a construit depuis peu d'années dans cette partie
de la gare une halle aux vins avec bureaux d'octroi, et,
à côté, une maison, dite de la Traction, dans laquelle se
trouvent des logements pour plusieurs employés du chemin de fer, des bureaux et des écuries. Toutes ces constructions font partie du même état de travaux à exécuter
avec des murs de soutènement des terres, des murs de
clôture et des travaux de réparations et d'appropriations
à faire à des bâtiments déjà existants. On appelait cet
état, qui s'élevait à 1,500,000 fr. environ, l'état des dépenses de la halle au vin, parce qu'elle en était le prin-

cipal article, et cette dénomination avait fait croire que cette halle avait en effet coûté 1,500,000 fr., tandis que cette somme comprenait en outre la maison de la Traction et les bureaux d'octroi pour 350,000 fr. et de plus les murs de soutenement des terres, les murs de clôture et les autres travaux dont j'ai parlé. Par suite de cette erreur, on a imposé la halle aux vins sur une valeur locative de 72,000 fr., tandis que nos recherches n'ont permis à l'expert de l'administration et à moi d'en porter la valeur locative qu'à 52,700 fr. De là une erreur matérielle de 19,300 fr. de valeur locative, qui forme la plus grande partie de la surtaxe, objet de la réclamation de la Compagnie pour cette gare.

La découverte de cette erreur matérielle m'a donné une satisfaction égale à celle que j'ai éprouvée lorsque nous avons trouvé l'erreur relative à l'embarcadère des voyageurs de la gare de Paris.

Les diverses modifications qu'on a proposé d'introduire dans les évaluations, les additions qu'on veut y faire, auraient pour résultat de compenser le vide produit par la rectification de ces erreurs. Ces points ont été déjà traités dans les réponses aux questions qui accompagnent le tableau des estimations. Je dois néanmoins encore ajouter un mot.

Élévation à 6 p. 100 du taux auquel serait calculée la valeur locative.

Les bâtiments servant à l'exploitation des chemins de fer sont placés en dehors du mouvement des affaires. Ils ne se vendent ni ne se louent. On ne peut donc pas dire à quel taux on place les capitaux en construction de cette nature, ni quelle est leur valeur locative. L'administration des contributions directes a parfaitement compris cette situation; aussi elle a dit: les bâtiments servant à l'exploitation des chemins de fer n'étant point généralement affermés et ne pouvant guère être comparés à d'autres bâtiments affermés, on estimera partout, afin d'arriver autant que possible à des résultats uniformes, la valeur locative pour laquelle ils doivent entrer dans les éléments du droit proportionnel à raison de 5 p. 100 de la valeur de construction, augmentée de la valeur du sol.

Ces prescriptions sont certainement d'une grande sagesse; elles entrent parfaitement dans l'esprit de la loi. Pourquoi donc veut-on s'en écarter pour la gare de Paris des chemins de Paris à Lyon et à la Méditerranée, en calculant à raison de 6 p. 100, ce qui partout ailleurs est calculé à raison de 5 p. 100? Je ne reviendrai pas sur les motifs très-concluants que j'ai développés dans les réponses aux diverses questions qu'a soulevées l'expertise, sur la difficulté de constater le taux auquel on place en constructions présentant la solidité qu'offrent celles des bâtiments des chemins de fer, sur l'impossibilité d'appliquer à ces bâtiments le taux auquel on place en acquisition de propriétés bâties. Mais j'insisterai sur la nécessité d'appliquer le même taux à tous les chemins de fer, à tous les patentables, afin d'arriver partout, autant que possible, à des résultats uniformes, car cette uniformité est un principe fondamental en matière de contributions.

On nous dit: pour la contribution foncière, qui est un impôt de répartition, vous devez appliquer le taux de 5 p. 100 aux constructions et même au matériel immobilisé, parce que c'est celui qui a été appliqué pour tous les autres contribuables. Mais il n'en est pas de même lorsqu'il s'agit de la patente.

Je sais parfaitement la différence qui existe entre un impôt de quotité et un impôt de répartition. Mais j'avoue que je ne comprends pas la distinction qu'on veut faire. Est-ce que les principes d'égalité proportionnelle en matière d'impôt, qui sont une des bases de notre droit constitutionnel, ne doivent pas être également appliqués, qu'il s'agisse de la contribution des patentes ou de la contribution foncière? La loi sur les patentes ne dit-elle pas elle-même que la valeur locative doit être établie par comparaison avec celle des autres locaux. Or, si pour les autres locaux on a adopté le taux de 5 p. 100, on doit l'adopter également pour la gare de Paris des chemins de fer de Paris à Lyon et à la Méditerranée. Si on tient absolument à appliquer pour cette gare le taux de 6 p. 100, bien qu'il soit notoirement trop élevé, on est fatalement condamné à l'appliquer pour les garés des autres chemins de fer, ainsi que pour les établissements industriels et les maisons de commerce, toutes les fois que le patentable est propriétaire des bâtiments dans lesquels ces professions sont exercées. La Compagnie est en droit de demander aux fonctionnaires de tous les degrés de la hiérarchie administrative et gouvernementale qu'on n'ait pas contre elle deux poids et deux mesures ; les uns plus lourds lorsqu'il s'agit de ses impôts, les autres plus légers lorsqu'il s'agit des impôts des autres patentables. Ce sera alors une augmentation d'un cinquième qu'il faudra faire subir au droit proportionnel des taxes de patente, puis une augmentation d'un dixième, à cause, comme on le dit, de l'augmentation du prix des matériaux de construction, ainsi qu'on va le voir, çe qui fera une augmentation d'un tiers sur le droit proportionnel d'un très-grand nombre des plus forts patentables de la ville de Paris.

A-t-on bien réfléchi aux redoutables résultats que peut produire cet excès de zèle? Ne doit-on pas craindre d'être arrêté par la sagesse de l'administration municipale, par celle de l'administration générale, surtout par celle du gouvernement, dans cette voie pleine de périls?

Addition à la valeur locative de 10 50 p. 100 en con-sidération de l'augmentation du prix des matériaux de construction et d'environ 90 p. 100 en considération de l'augmentation du prix des terrains.

Les circonstances qui tendent incessamment à faire varier la valeur locative des habitations comme celle des bâtiments affectés au commerce et à l'industrie sont la concurrence, l'ouverture de rues, de boulevards qui amènent la population dans un quartier peu fréquen-té, etc. Les bâtiments des chemins de fer se trouvent par leur nature, leur emplacement et leur destination à l'abri de ces influences. Donc leur valeur locative ne doit pas subir les mêmes variations. Une fois régulièrement fixée, elle doit rester invariable. L'augmentation du prix des terrains, celle des matériaux de construction, ne sauraient la faire changer, car ces bâtiments ne sont pas destinés à entrer en concurrence, par suite de vente ou de location, avec ceux du voisinage. Ce qui fait leur valeur locative c'est l'étendue qu'ils présentent pour le service auquel ils sont affectés et leur bonne appropriation pour cette destination. Si cette étendue augmente, s'ils reçoivent une meilleure appropriation, leur valeur locative doit augmenter. S'ils ne subissent aucun changement sous ce rapport, elle doit rester invariable. Si le trafic du chemin de fer augmente, la valeur locative subit nécessairement une augmentation par l'effet de la création de nouveaux bâtiments que rend nécessaire cet accroissement du trafic, ainsi que cela a lieu depuis 1852. Les agents des contributions directes et les commissaires des contributions directes de la ville de Paris l'ont jusqu'à présent ainsi compris, puisqu'ils n'ont pas élevé, par suite de cette augmentation du prix des terrains et des matériaux de construction, les évaluations qu'ils avaient faites en 1852. Au surplus, une telle augmentation n'a été opérée pour ce motif, ni sur les autres gares des chemins de fer, ni sur aucun des bâtiments de la ville de Paris consacrés au commerce ou à l'industrie et exploités par leurs propriétaires. Je ne comprends pas pourquoi on voudrait traiter différemment aujourd'hui la gare de Paris des chemins de fer de Paris à Lyon et à la Méditerranée.

Les parties de la surface de la gare, pavées ou non pavées et non couvertes de bâtiments, placées soit à l'entour de ces bâtiments, soit à une grande distance,

Les rails et les plaques tournantes destinés à conduire les voitures et les locomotives dans les rotondes, les remises, les ateliers de réparations, les halles de chargement et de déchargement, non plus que ceux placés dans ces bâtiments,

Ne doivent pas entrer dans le calcul de la valeur locative.

Ainsi l'a décidé l'arrêt du Conseil d'État, en date du 26 juin 1849, sur le pourvoi de la Compagnie des chemins de fer de Montpellier et Nimes, relatif à la gare du champ de Mars à Nimes.

Les aqueducs et égoûts destinés à l'assainissement de la gare, les conduites d'eau ne doivent pas non plus entrer dans le calcul de la valeur locative, parce qu'ils sont indépendants des bâtiments dont ils ne font pas partie et qu'ils sont dès lors sans influence sur leur valeur locative.

Les outils de l'atelier de réparations ne sont pas non plus imposables, parce qu'ils ne servent pas à la production comme ceux des usines et manufactures. Le conseil d'administration des contributions directes et le ministre des finances l'ont reconnu dans l'instruction du pourvoi relatif à l'affaire de Nîmes.

Enfin, tous les objets dont l'énumération précède, ainsi que la canalisation du gaz, les murs de soutenement des terres, les cabinets d'aisances, ne sont pas compris dans l'évaluation de la valeur locative sur laquelle l'impôt est aujourd'hui établi. C'est un fait dont le conseil de préfecture pourra facilement s'assurer en exigeant des commissaires des contributions directes et des agents de la direction, qu'ils lui remettent leurs carnets. Les comprendre aujourd'hui dans l'estimation de la valeur locative rectifiée pour 1861, serait les imposer supplémentairement d'une manière indirecte. Or, l'article 13 de la loi du 4 juin 1858 s'y oppose formellement. Il ne permet d'imposer ainsi supplémentairement, que lorsqu'il a été apporté dans l'industrie des changements donnant lieu à des augmentations de droit. Mais ici il n'y a pas eu de changement, puisque tous ces objets, qu'on prétend être imposés, et qui, d'ailleurs, ne sont pas imposables, ont été établis il y a dix ans avec le chemin de fer lui-même.

Il serait sans doute agréable de pouvoir compenser ainsi, avec toutes ces augmentations, les diminutions ré-

sultant de la rectification des erreurs pour l'embarcadère
de Paris et la halle aux vins de l'arrière-gare. Mais ni la
loi, ni la jurisprudence du Conseil d'État, ni l'administration elle-même n'admettent ces compensations.

MM. Nugues et Salles possèdent dans la commune
d'Écouché (Orne) cinq fours à chaux, dont quatre seulement étaient imposés. La contribution de deux de ces
fours était trop élevée et ils en avaient demandé la réduction. Mais l'instruction fit découvrir qu'ils avaient un
cinquième four qui n'était pas imposé. Le conseil de
préfecture avait déduit la contribution de ce cinquième
four de la réduction qui était due pour les deux autres.
Le Conseil d'État, considérant que si les sieurs Nugues
et Salles exploitent dans la commune d'Écouché cinq fours
à chaux, quatre de ces fours seulement figurent pour 1859
sur la matrice de ladite commune, que c'est dès lors à tort
que le conseil de préfecture, en fixant la base de la contribution des fours exploités par les requérants, a compris dans cette évaluation le revenu du cinquième four,
a annulé, par arrêt du 9 janvier 1861, n° 31.602, la décision du conseil de préfecture, et décidé que les sieurs
Nugues et Salles ne seront imposés pour 1859 qu'à raison
de quatre fours.

Il s'agit, dans cette affaire, d'une contribution foncière.
Mais, à plus forte raison, cet arrêt est-il applicable pour
la contribution des patentes, puisqu'il existe pour celle-
ci un article de loi spécial, l'article 13 de la loi du 4 juin
1858.

Vainement dira-t-on qu'en imposant tous ces objets, on
n'augmentera pas la taxe de la Compagnie; qu'on ne fera
qu'une compensation. Mais cette compensation la privera
d'une partie de la réduction à laquelle elle a droit, et

elle est repoussée par la loi et par la jurisprudence du Conseil d'État. D'ailleurs tous ces objets, qu'on voudrait aujourd'hui imposer, ne doivent pas entrer dans l'estimation de la valeur locative.

Quant au bâtiment des écuries, dépendant de la maison dite de la traction, il a été reconnu par M. l'Inspecteur et par moi, à la suite des investigations auxquelles nous nous sommes livrés, qu'il est resté inoccupé pendant toute l'année 1860; que l'entrepreneur du camionage ne s'y est installé qu'en octobre 1861, ainsi il ne doit pas être compris dans l'estimation de la valeur locative imposable, au nom de la Compagnie, pour 1860.

En conséquence, considérant que la loi du 25 avril 1844 fixe le droit proportionnel de la taxe patente sur la va'eur locative des bâtiments servant à l'exercice de la profession;

Que s'il est facile d'apprécier, à la seule inspection des lieux, la valeur locative des bâtiments consacrés au commerce ou à l'industrie manufacturière, on éprouve infiniment plus de difficultés lorsqu'on veut essayer d'établir de la même manière la valeur locative des bâtiments servant à l'exploitation des chemins de fer;

Que la valeur locative attribuée aux premiers peut être facilement vérifiée en la comparant à celle d'autres bâtiments analogues, et qu'il est ainsi possible de rectifier les erreurs qu'on pourrait avoir commises; tandis qu'aucune comparaison de la même nature ne peut être faite lorsqu'il s'agit de la valeur locative des bâtiments servant à l'exploitation des chemins de fer, parce que, ainsi que l'a reconnu l'administration elle-même, ces bâtiments ne sont pas généralement affermés et ne peuvent guère être comparés à d'autres bâtiments affermés;

Que l'expert de l'administration et celui des réclamants ont éprouvé cette extrême difficulté de fixer ainsi, à la simple inspection des bâtiments servant à l'exploitation des chemins de fer, leur valeur locative; et qu'après avoir examiné les évaluations qu'ils avaient faites dans les deux premières vacations, ne pouvant les soumettre à aucun contrôle, à aucune vérification, ils ont reconnu l'indispensable nécessité d'opérer sur une base plus solide;

Que cette base leur a été fournie par l'administration elle-même, qui a dit, dans l'article 45 de l'instruction du 31 juillet 1858, qu'afin d'arriver, autant que possible, à des résultats uniformes, on estimera partout la valeur locative pour laquelle les bâtiments des chemins de fer doivent entrer dans les éléments du droit proportionnel, à raison de 5 0/0 de leur valeur de construction, augmentée de la valeur du sol;

Que l'application qu'ils ont faite de ce procédé les a complétement rassurés sur l'exactitude de leurs évaluations, puisqu'elles reposent, d'une part, sur les actes d'acquisition du sol, de l'autre, sur les mémoires des entrepreneurs des travaux de construction;

Que d'ailleurs, ce mode d'opérer est le seul qui permette d'établir la valeur locative des bâtiments servant à l'exploitation des chemins de fer, avec cette uniformité qui est un principe fondamental en matière de contributions;

Que loin de repousser ce mode d'opérer, lorsqu'il s'agit de fixer la valeur locative de bâtiments qui ne sont pas affermés, et qui ne peuvent pas être comparés à d'autres bâtiments affermés, pour lesquels, par conséquent, aucune vérification n'est possible, il doit au contraire être adopté de préférence, puisqu'il met sous les yeux des juges, les éléments d'après lesquels a été faite l'évaluation de la valeur locative, et qu'il éclaire ainsi leur décision, tandis que des estimations faites à la simple inspection des lieux ne portent avec elles aucune lumière et doivent inspirer la plus grande défiance :

Qu'en effet, avec le système des évaluations faites à la simple inspection des bâtiments, on peut indifféremment donner au même bâtiment une valeur locative de 30,000, 40,000, 50,000 fr., etc., selon le but qu'on se propose, puisque aucune vérification n'est possible, les bâtiments servant à l'exploitation des chemins de fer ne pouvant guère être comparés à d'autres bâtiments affermés ;

En ce qui concerne l'estimation de la valeur locative des bâtiments servant à l'exploitation du chemin de fer, considérant que cette valeur locative est subordonnée à l'étendue que présentent ces bâtiments pour l'objet auquel ils sont destinés et à leur plus ou moins bonne appropriation pour cette destination.

Qu'on ne doit, par conséquent, faire entrer dans les bases de cette estimation que les dépenses qui peuvent influer sur la fixation de cette valeur locative, et qu'on doit repousser toutes celles qui ne peuvent exercer aucune influence à cet égard.

Que c'est ainsi qu'on a opéré lorsque, en 1852, on a fixé la valeur locative des bâtiments de la gare ; qu'on a laissé en dehors de l'estimation les murs de soutenement des terres, la partie de la surface de la gare non couverte de bâtiments, le pavage de cette partie de la gare, les aqueducs et égouts pour l'assainissement de la gare, les conduites d'eau, la canalisation du gaz, les rails et plaques tournantes conduisant aux rotondes, aux remises de voitures et de locomotives, aux ateliers de réparations, ou existant dans ces bâtiments, les machines des ateliers de réparations, attendu qu'elles ne servent pas à la production, etc.;

Qu'en présence de l'article 13 de la loi du 4 juin 1858 et de la jurisprudence constante du Conseil d'État, on ne peut faire entrer tous ces objets dans l'estimation de la valeur locative imposable en 1861, et établir ainsi une compensation avec les erreurs matérielles que l'expertise a fait découvrir;

Que d'après l'article 13 de la loi du 4 juin 1858 on ne peut imposer supplémentairement que lorsqu'il s'agit de changements apportés dans l'exercice de la profession, et donnant lieu à des augmentations de droits; mais qu'ici il ne s'agit pas de changements, car tous ces objets non imposés, et d'ailleurs non imposables, puisqu'ils sont sans influence sur l'élévation de la valeur locative, existent depuis l'établissement du chemin de fer;

Qu'on ne peut pas non plus établir une compensation entre les articles qu'on veut soumettre à l'impôt et ceux sur lesquels il existe des surévaluations, ainsi qu'il résulte de l'arrêt précité du Conseil d'État en date du 9 janvier 1861, n° 31,602 sur le pourvoi de MM. Nugues et Salles, exploitant cinq fours à chaux dans la commune d'Écouché (Orne);

Considérant que pour établir la valeur locative de tous les bâtiments des gares des chemins de fer de Paris et des départements, on a appliqué le taux de 5 p. 100 à leur valeur de construction, conformément aux instructions de l'administration, et que le même taux de 5 p. 100 doit être appliqué pour la gare de Paris des chemins de fer de Paris à Lyon et à la Méditerranée, pour avoir cette uniformité qui est un principe fondamental en matière d'impôt ;

Que, d'ailleurs, la section du contentieux du Conseil d'État a déjà adopté ce mode d'opérer à l'occasion du pourvoi de la Compagnie du chemin de fer de Montpellier à Nîmes, relatif à la gare du Champ-de-Mars à Nîmes, que les experts n'avaient fixé que les valeurs de construction et qu'elle a appliqué à ces valeurs le taux de 5 p 100 pour avoir la valeur locative ;

Qu'on ne saurait aujourd'hui, pour avoir la valeur locative de la gare de Paris des chemins de fer de Paris à Lyon et à la Méditerranée, appliquer le taux de 6 p. 100 ni faire toutes les autres augmentations proposées en se fondant sur l'augmentation du prix des terrains et des matériaux de construction, sans se condamner fatalement à faire subir une augmentation d'un tiers à la valeur locative des autres gares de Paris, des maisons de commerce et des établissements industriels exploités par des patentables, propriétaires des bâtiments dans lesquels ces professions sont exercées ; puisque leur valeur locative n'a été calculée qu'à raison de 5 p. 100 et sans tenir compte, en ce qui les concerne, de l'augmentation du prix des terrains et des matériaux de construction ;

Qu'une telle augmentation, indépendamment de ce qu'elle n'est pas fondée sur des motifs sérieux et sur des faits d'une évidence incontestable, produirait politiquement les plus funestes résultats.

Dirigé par ces motifs et par les réponses aux questions auxquelles a donné lieu l'expertise de la gare de Paris, je pense que la valeur locative sur laquelle doit être établi le droit proportionnel de la taxe de patente de 1861

de la compagnie des chemins de fer de Paris à Lyon et à
la Méditerranée pour la gare et l'arrière-gare de Paris
doit être ainsi fixée :

Art. 20:6 du rôle. Gare de Paris, valeur
    locative au 40e   268,096

Id. au 20e. Logement du chef de la gare des
    voyageurs.   1,000

Il y aurait lieu d'ajouter à la première de
ces sommes celle de 3,350 francs, valeur locative des deux machines à vapeur de l'atelier de
carrosserie et de l'atelier des forges qui figurent dans les bases de la taxe de 1861, si,
nonobstant l'avis du conseil d'administration
des contributions directes et du ministre des
finances, sur le pourvoi relatif à la gare du
Champ-de-Mars de Nîmes et le § 3 de la loi du
25 avril 1844, ces instruments, destinés aux
réparations et non à la production, doivent entrer dans l'estimation de la valeur locative des
bâtiments des chemins de fer.

Art. 1087 du rôle. Maison dite de la trac-
    tion, valeur locative au 40e.   7,700

Id. au 20e, logement du chef de la gare des
    marchandises..   1,000

Art. 1089 du rôle. Halle aux vins, valeur lo-
    cative, au 40e.   52,699

Art. 1672 du rôle. Halle du chemin de fer
    de ceinture et maréchallerie, valeur loca-
    tive, au 40e   11,033

7

Art. 1673 du rôle. Hangars pour les marchandises à l'arrivée et les marchandises
au départ, petite vitesse, valeur locative au
40°.   72,489

Art. 42 du rôle. L'atelier du petit entretien,
d'une valeur locative de 1,800 francs, est
démoli depuis 1860 et ne doit pas être
maintenu à la contribution pour 1861.

ALLARD.

OBSERVATIONS

Présentées par la Compagnie des chemins de fer de Paris à Lyon et à la Méditerranée, à la suite de l'expertise des gares de Paris et de Bercy, à laquelle a donné lieu la demande en dégrèvement de la taxe de la patente formée par la Compagnie en 1861.

La vérification de la valeur locative de la gare de Paris, du chemin de fer de Paris à Lyon et à la Méditerranée, a démontré de la manière la plus évidente l'existence des surtaxes qui ont motivé les réclamations de la Compagnie.

On a compris dans l'estimation de la valeur locative sur laquelle l'impôt est établi la partie de la voie ferrée avec ses plaques tournantes qui sert à l'embarcadère et au débarcadère des voyageurs. C'est une portion de la voie publique qui, à ce titre, d'après les instructions de l'Administration et l'arrêt du Conseil d'État en date du 23 juin 1849, relatif à la gare de Nîmes, ne doit pas entrer dans l'estimation de la valeur locative. La halle vitrée qui couvre cette partie de la voie ferrée doit seule être comprise dans les éléments du droit proportionnel, et la valeur locative de cette partie du chemin de fer, qui avait été portée à 94,600 fr., doit être réduite à 23,750 fr. La surtaxe, pour cet article, est de 70,850 fr.

Pour l'arrière-gare, ou gare des marchandises, on avait supposé que la construction de la halle au vin avait coûté 1,500,000 fr., tandis que cette somme comprend en outre, comme l'a expliqué l'expert de la Compagnie, la maison de la traction, dont la valeur est de 318,000 fr., des bureaux d'octroi d'une valeur de 34,200 fr , un mur de soutenement des terres, devant la maison de la traction, d'une valeur de 57,000 fr., des murs de clôture et des travaux d'appropriation et d'entretien dans divers bâtiments. Les frais de construction et d'établissement de la halle au vin n'entrent dans cette dépense que pour une somme de 1,015,000 fr. De sorte que la valeur locative, qui a été fixée à 72,000 fr., n'est que de 50,750 fr. Là encore il y a une surtaxe de 21.250 fr.

Il semblait tout naturel que les surtaxes qu'éprouve la Compagnie étant démontrées d'une manière si évidente et presque matérielle, la réduction à laquelle elle a droit ne fût pas contestée ; mais son attente a été trompée. Laissant de côté les dispositions de la loi, les arrêts du Conseil d'État, et les sages instructions de l'Administration, fruit d'une longue expérience, et dont l'application peut seule donner, pour l'établissement des taxes, cette base uniforme qui est un principe fondamental en matière d'impôt, on s'est rejeté sur d'autres combinaisons qui auraient pour résultat de compenser les réductions dues à la Compagnie par la rectification d'appréciations inexactes ou d'omissions d'articles qu'on avait jugés n'être pas imposables, et qui en effet ne le sont pas.

Je suis, certes, bien loin d'attaquer les intentions de M. l'expert de l'Administration. Je suis convaincu que c'est consciencieusement qu'il a cru pouvoir s'affranchir des règles tracées par l'Administration, mettre en oubli et l'article 13 de la loi du 4 juin 1858, et l'arrêt du Conseil d'État en date du 23 juin 1849, n° 20,961, et l'arrêt du 9 janvier 1861, n° 31,602. Mais lorsqu'on s'écarte ainsi de la voie qu'avait tracée une longue pratique, on est exposé à faire des erreurs. On a beau combiner avec le plus grand soin les éléments de son travail, la vérification finit toujours par y découvrir ces erreurs qui viennent déranger les calculs sur l'exactitude desquels on comptait le plus (1).

L'expert de l'Administration dit dans sa réponse à la question n° 19 :

« Une circonstance qui nous fortifie dans l'opinion que nous émettons d'appliquer le taux de 6 p. 100, c'est que, si on calcule la valeur locative des bâtiments de la gare compris dans le n° 1, en prenant le taux de capitalisation à 5 p. 100 sur le prix de revient des constructions, augmenté de la valeur du sol, cette valeur locative ne présente qu'un revenu de 8 fr. 30 c. par mètre, chiffre qui est certainement inférieur au prix réel auquel devrait s'élever cette location. »

Je conviens que cette valeur locative de 8 fr. 30 c. par mètre carré pour le bâtiment des voyageurs porté sous le n° 1, serait trop faible. J'avouerai même qu'en calculant la valeur locative à raison de 6 p. 100, en ajoutant un dixième, comme le propose l'expert de l'Administration, à cause de l'augmentation du prix des matériaux de construction, en tenant compte, en outre, de l'augmen-

(1) Comme le *petit grain de sable* dont parle Pascal, *qui n'était rien ailleurs, mis en cet endroit* produit un ordre de choses complétement différent de celui qu'on prévoyait.

tation du prix des terrains, le prix moyen de la valeur locative, qui arriverait à 11 fr. 53 c. par mètre carré, serait peut-être encore trop faible aussi.

Pour mieux m'en assurer, j'ai appliqué ce prix de 11 fr. 53 c. à la surface du bâtiment des voyageurs porté sous le n° 1, et j'ai vu qu'on arrivait à une valeur locative totale de 74,055 fr. 46 c.

Grand a été mon étonnement lorsque j'ai vu que l'expert de la Compagnie porte cette valeur locative à un chiffre plus élevé, à 101,106 fr. 48 c., bien qu'il ne l'ait calculée qu'à raison de 5 p. 100. En cherchant la cause de cette différence, j'ai trouvé l'une de ces erreurs dont je parlais tout à l'heure.

L'expert de l'Administration a mal tiré la moyenne de la valeur locative du bâtiment des voyageurs compris dans l'état sous le n° 1. Elle s'élève à 15 fr. 74 c. par mètre carré, et non à 8 fr. 30 c., comme il le dit. Son erreur vient de ce qu'il a confondu avec le bâtiment des voyageurs, le n° 2, dans lequel il n'y a pas de maçonnerie, et qui, par sa nature, ne peut pas être cumulé avec le n° 1 pour en tirer une moyenne, car il n'y a entre eux aucune analogie. Le n° 2 s'applique, en effet, à la couverture de cette partie de la voie ferrée qui se trouve entre les deux ailes du bâtiment des voyageurs, et qui sert d'embarcadère et de débarcadère. Si, au lieu de comprendre dans les deux termes de sa division cet article n° 2, qui occupe une partie de la voie ferrée d'une contenance de 9,240 mètres, et qu'il reconnaît lui-même, dans sa réponse à la question n° 4, ne devoir pas entrer dans l'estimation de la valeur locative, il s'était borné à diviser la valeur du bâtiment, qui est de 2,022,159 fr. 51 c., par sa surface, qui est de 6,422 mètres 85 centimètres, il aurait trouvé, en appliquant le taux de 5 p. 100, une valeur locative moyenne de 15 fr. 74 c. par mètre carré. Puisqu'il se contentait d'une valeur locative moyenne de 11 fr. 53 c., à plus forte raison doit-il trouver suffisante celle de 15 fr. 74 c., qu'on obtient sans augmenter de 1 p. 100 le taux indiqué par l'Administration, sans ajouter un dixième à l'évaluation du bâtiment à cause de l'augmentation du prix des matériaux de construction, et sans doubler le prix qu'ont coûté les terrains sur lesquels ce bâtiment est construit. Avec toutes ces additions, on arrive, pour la valeur locative moyenne du mètre carré, au chiffre énorme de 21 fr. 31 c., et l'expert de l'Administration se contentait d'une valeur locative moyenne de 11 fr. 53 c., c'est-à-dire près de moitié moindre, et qui répond à 3 2/3 pour cent des dépenses d'acquisition du sol, de construction et d'appropriation.

L'expert de l'Administration donne donc lui-même la preuve qu'il n'y a pas de motif sérieux pour augmenter de 1 p. 100 le taux à appliquer aux dépenses effectuées, et pour faire toutes les autres augmentations qu'il indique. Le taux de 5 p. 100, qui donne une valeur locative moyenne par mètre carré de 15 fr. 74 c., loin d'être trop faible, devrait plutôt, d'après lui, être réduit.

Je passe à la seconde erreur.

Il existe dans la gare de Paris cinq maisons d'habitation dont la valeur de construction fut établie par le dépouillement des actes d'acquisition du terrain et des mémoires des entrepreneurs. Je porte ci-après leur valeur locative, calculée d'après cette base, à raison de 5 p. 100. Mais, sur la remarque que la valeur locative des appartements, logements et bureaux de ces maisons, pouvait être établie, ainsi que le prescrit la loi, par comparaison avec celle des locations dans le quartier de la gare, on adopta de préférence ce dernier moyen.

Or, voici les résultats auxquels on est arrivé.

	Frais de construction	Valeur locative à 5 p. 100	Valeur locative par comparaison
Pavillon du concierge de la rue de Rambouillet.	9,655 40	483	400
Maison du chef de magasin.	43,243 24	2,162	2,530
Bureaux des ateliers.	50,210 40	2,510	2,300
Pavillon du portier-consigne, près le boulevard extérieur.	7,381 »	369	200
Maison de la traction, rue de Bercy.	325,601 »	16,280	15,900
Total. . . .	436,091 04	21,804	21,330

Le calcul de la valeur locative à raison de 5 p. 100 donne un produit même plus élevé que l'estimation par voie de comparaison faite par l'expert de l'Administration lui-même. Il n'y a donc pas lieu, pour arriver à la valeur locative, ni d'appliquer le taux de 6 p. 100, ni d'ajouter aux évaluations un dixième à cause de l'augmentation du prix des matériaux de construction, ni de doubler le prix d'acquisition du sol. Si on faisait toutes ces augmentations, on arriverait à une valeur locative de 29,445 fr., tandis que l'expert de l'Administration ne l'a fixée lui-même, par comparaison, qu'à 21,330 fr. Il se serait trompé de 8,115 fr. sur 21,330 fr., ou de 38 p. 100. Une telle erreur de sa part n'est pas possible.

L'expert de l'Administration a donc prouvé, par ses propres appréciations, qu'il n'y a pas lieu de faire les augmentations qu'il propose.

Voyons la troisième erreur.

MM. les experts reconnurent, après examen, qu'il était impossible de faire l'estimation de la valeur locative des bâtiments de la gare sur la seule inspection. Ils trouvèrent plus facile et plus sûr d'en établir d'abord la valeur de construction, et c'est ainsi qu'ils opérèrent pour le côté du départ du bâtiment des voyageurs. Mais, après les deux premières vacations, ce mode d'opérer ne leur donna pas une satisfaction complète, parce qu'il ne permettait aucune vérification, aucune comparaison, et ils aimèrent mieux prendre pour base de leur estimation les mémoires des entrepreneurs pour les bâtiments qui n'ont pas de similaires affermés, ainsi que le recommande M. le Directeur général des contributions directes. Or, voici les estimations qu'avait faites l'expert de l'Administration à la seule inspection des bâtiments :

	Mètres		
1, 2, 3, 4. Vestibule au départ et bureaux. . .	915 à	250 fr.	228,750
5. Salle des bagages.	636	250	159,000
6. Passage entre la salle des bagages et celle de départ.	50	250	12,500
7. Salle de réception.	145	150	21,750
7 bis. Ancien hangar entresolé avec bureau de l'agent principal de la première section. . .	192	200	38,400
8. Bureau du chef de gare entresolé.	50	300	15,000
9. Salle d'attente.	540	300	162,000
10. Corps de gardes des hommes d'équipe.. . .	50	250	12,500
11. Buffet.	172	300	51,600
12. Remise de trucks et lampisterie	430	250	107,500
12 bis. Petit entretien et économat	172	200	34,400
13. Cave pour les articles en litige	90	100	9,000
13 bis. Cave pour les liquides en litige	120	100	12,000
	3,562		864,400

La valeur moyenne des constructions revient par mètre carré à 242 fr. 67 c., d'après les appréciations de l'expert de l'Administration. Or, d'après les mémoires des entrepreneurs, on a une dépense de 1,943,000 fr. pour une surface de 6422 m. 85 c. Ce qui fait 302 fr. 51 c. par mètre carré, chiffre de 25 p. 100 supérieur aux appréciations de l'expert de l'Administration. On voit donc que pour avoir les valeurs locatives actuelles, loin d'ajouter à ce chiffre, comme il le propose, il faudrait en retrancher. Si à ce prix de 302 fr. 51 c. on faisait l'addition de 10 p. 100 indiquée par l'expert de l'Administration, on arriverait au chiffre de 332 fr. 76 c., qui est supérieur de 37 p. 100 à celui qui résulte de ses appréciations. Or, il n'est guère probable qu'un architecte puisse faire une telle erreur.

On me dira peut-être qu'en faisant cette appréciation, l'expert de l'Administration n'a pas tenu compte des fondations extraordinaires. Mais en les retranchant on arrive au chiffre de 284 fr. 17 c. par mètre carré qui, augmenté d'un dixième, donne un total de 312 fr. 59 c., lequel est encore supérieur de 29 p. 100 aux appréciations de l'expert de l'Administration.

Il résulte de ces trois faits, dont l'exactitude ne saurait être contestée, que pour avoir la valeur locative des bâtiments de la gare, il ne faut ni la calculer à raison de 6 p. 100 de la valeur de construction, ni ajouter un dixième à cause de l'augmentation de valeur des matériaux de construction, ni enfin doubler le prix d'acquisition des terrains sur lesquels ils ont été bâtis. L'application des règles tracées par le Directeur général des contributions directes est le meilleur moyen d'arriver à la connaissance de la vérité.

Je ne vois rien de bien sérieux dans la réponse de l'expert de l'Administration aux deux questions n° 18 et 19 relatives, la première, à l'augmentation d'un dixième sur la valeur des constructions, et la seconde, à l'application du taux de 6 p. 100.

Pour la première il n'a pas compris ce que dit l'expert

de la Compagnie de la concurrence des locataires qui fait augmenter la valeur locative pour les maisons des particuliers, et qui n'exerce aucune influence sur celle des bâtiments des chemins de fer. Il croit répondre en disant : Pour les Compagnies, pas de concurrence possible ; elles ont le monopole de presque tous les moyens de transport. Puis il ajoute : Si la Compagnie voulait louer ses divers locaux trouverait-elle, oui ou non, un produit supérieur à celui qu'elle aurait tiré il y a dix ans? Comme si les bâtiments qu'a fait construire la Compagnie pour son usage étaient susceptibles d'être loués. On ne pourrait faire une telle supposition que si le chemin de fer était abandonné, et alors, bien certainement, on n'en aurait qu'un loyer de beaucoup inférieur à celui qu'ils auraient donné il y a dix ans.

Quant à la question n° 19 il dit que, dans sa pensée, l'Administration des contributions n'a indiqué le mode d'opérer tracé par l'article 45 de l'instruction du 31 juillet 1858 qu'à l'égard des stations intermédiaires éloignées des grands centres de population. Mais où a-t-il pris cela? Il n'y a pas dans l'article 45 un mot qui permette cette commode et incroyable supposition. Évidemment, c'est un mirage de son imagination. Comment! l'Administration n'indique ce mode que pour les stations intermédiaires? elle n'entend pas qu'on l'applique aux grands centres de population, et elle ne fait aucune distinction! Elle induit ainsi elle-même tous ses employés en erreur! Il faut que l'expertise de la gare de Paris ait lieu pour que l'expert de l'Administration leur apprenne comment ils doivent appliquer cet article 45! Mais une telle administration est coupable au moins d'une bien grande négligence. Elle est bien peu soucieuse des inté-

rêts du **Trésor** puisqu'elle a, jusqu'à présent, laissé calculer à Paris et dans tous les grands centres de population à raison de 5 p. 100 des valeurs locatives qu'on
devait calculer à raison de 6 p. 100. C'est un cinquième
de perte sur l'impôt.

L'expert de l'administration persiste à soutenir qu'on
place ses capitaux à raison de 6 p. 100 et au-dessus, en
construction de maisons. La conscience publique, bien
éclairée sur ce point, donne un démenti formel à cette
assertion. Personne n'ignore qu'un propriétaire, qui n'est
pas dans l'industrie du bâtiment, ne tire jamais un loyer
de 5 p. 100 des sommes qu'il a employées en acquisition
de terrains et frais de construction et d'appropriation
de toute nature d'une maison, et que, s'il la vend, il n'ob-
tiendra jamais de la vente une somme égale à celle qu'il
aura ainsi déboursée. Cela n'a pas lieu même pour les
maisons qu'on appelle de rapport, de produit, et à plus
forte raison lorsqu'il s'agit de maisons construites avec
tout le soin qu'on apporte pour la construction des bâtiments des chemins de fer, dans laquelle n'entrent que
des matériaux de première qualité. Tout le monde sait
que loin de faire des économies sur les frais de construction, les Compagnies paient beaucoup plus cher que les
particuliers. Si ceux-ci placent à 5 p. 100, elles doivent
placer à un taux inférieur. Ce sont là des faits tellement
patents, tellement connus, qu'il n'est pas possible de les
mettre en doute.

M. l'inspecteur menace, dit-on, de venir en aide à son
expert avec des actes d'acquisition. L'expert de la Compagnie a répondu d'avance à ce sujet. Il n'est pas logique
d'opposer des actes d'acquisition, lorsqu'il s'agit de déduire la valeur locative des frais de construction. On ne

peut comparer ensemble que des choses de la même nature.

Nous venons de prouver qu'il n'y a pas lieu d'augmenter les estimations des constructions et la valeur des terrains.

Ce qui se passe en ce moment nous donne amplement raison, et donne un démenti formel aux arguments à l'aide desquels l'expert de l'Administration maintient ses augmentations.

M. le Préfet de la Seine a annoncé, dans son rapport au Conseil général, que le prix des loyers a commencé à baisser, et c'est un fait que chacun peut vérifier facilement. L'un des experts a pris, le 1er juillet, dans l'un des beaux quartiers de Paris, un appartement dont le loyer est de 16 p. 100 inférieur à celui que payait la personne qui venait de le quitter. Comment l'expert de l'Administration pourra-t-il faire concorder cette baisse de prix des loyers avec la hausse de 10 50 p. 100 et de 90 p. 100 qu'il fait subir à ses estimations premières? Cette baisse vient du grand nombre de nouveaux appartements qui ont été mis en location, ce qui a diminué la concurrence, l'empressement qu'on mettait à se procurer un appartement, lorsque les locations étaient plus rares.

Ceci fait mieux comprendre combien l'expert de la Compagnie est dans la vérité lorsqu'il dit que la valeur locative des bâtiments servant spécialement à l'exploitation des chemins de fer, doit rester invariable, parce que c'est la concurrence plus ou moins grande qui fait hausser ou baisser le prix des locations, et que ces bâtiments spéciaux n'étant pas destinés à être loués, la concurrence ne saurait influer sur leur valeur locative.

Enfin il est facile d'établir avec quelle légèreté a été

fait, sous ce rapport, le travail de l'expert de l'Administration, et de quelles nombreuses rectifications il serait susceptible.

Cet expert prétend que le prix des constructions a successivement augmenté de 1851 à 1860, et que, finalement, entre ces deux limites extrêmes, l'augmentation est de 10 50 p. 100, et il fait subir cette augmentation à toutes les valeurs de construction.

Le hangar pour les marchandises en départ, n° 37, a commencé à être construit en 1860.

La remise à locomotives, n° 34, a été construite en 1859.

La grande halle aux vins de Bercy a été construite en 1858.

Vingt autres bâtiments ont été construits ou agrandis depuis 1852.

Eh bien ! il fait subir à l'estimation de tous ces bâtiments l'augmentation de 10, 50 p. 100, comme s'ils avaient été bâtis en 1852, et devaient la supporter dans la même proportion, tandis qu'ayant été construits postérieurement à 1852, il faudrait, pour être logique, admettre que cette augmentation était entrée pour une très-forte partie dans la valeur primitive (1).

Ainsi, à quelque point de vue qu'on se place pour exa-

_____

(1) Pour rectifier cette erreur, il y aurait à faire, pour la gare de Paris, une réduction sur la valeur de construction de 87,316 fr., qui, augmentée de 10 50 p. 100, donne 96,484 fr., lesquels, à raison de 6 p. 100, produisent une valeur locative de 5,789 fr.

Pour l'arrière-gare de Bercy, la réduction à faire sur la valeur de construction est de 78,080 fr., qui, augmentée de 10 p. 100, donnent 78,510 fr., lesquels, à raison de 6 p. 100, produisent une valeur locative de 4,711 fr.

miner la partie du travail qui a trait au taux de placement ou à l'augmentation de la valeur locative, je crois,
j'ai regret de le dire, mais c'est l'expert de l'Administration qui me fournit lui-même les armes avec lesquelles
je le combats, que ce travail ne mérite aucune confiance.

Mais, pour quel motif toutes ces augmentations ont-
elles été faites?

Eh mon Dieu! ce motif est bien simple.

Pour la gare de Paris, en calculant la valeur locative des bâtiments à
  6 p. 100 au lieu de 5 p. 100 on a une augmentation de.   54,837 fr. »
La surélévation de 10 fr. 50 p. 100 à cause de l'augmentation du prix des matériaux, est de.   34,547   »
Celle sur le prix des terrains donne.   26,966   »

            Total. . . . .   116,350 fr. »

La surtaxe de 70,850 fr. sur l'embarcadère des voyageurs se trouve ainsi très-amplement compensée.

Pour l'arrière-gare de Bercy, en calculant la valeur locative des bâtiments
  à 6 p. 100 au lieu de 5 p. 100, on a une augmentation de.   29,498 fr. »
La surélévation de 10 fr. 50 p. 100 à cause de l'augmentation de prix des matériaux est de.   18,629   70
Celle sur le prix des terrains donne   5,222   06

            Total. . . . . .   53,349 fr. 76

La surtaxe de 21,250 fr. sur la halle aux vins de Bercy
est bien plus que compensée.

Plus on examine cette question et plus on a de peine à
comprendre comment on pourrait légitimer les augmentations proposées par l'expert de l'Administration, à l'é-
gard de la Compagnie du chemin de fer, tandis que pour
les autres patentables on maintient les prix de 1852.
Est-ce un jalon qu'on veut planter, un ballon d'essai

qu'on veut lancer pour pouvoir, si on parvenait à faire adopter de telles évaluations par le Conseil de préfecture, calculer, l'année prochaine, la valeur locative à raison de 6 p. 100, l'augmenter de 10, 50 p. 100 pour les constructions, de 90 p. 100 pour le sol, et pour élever ainsi de plus du tiers le droit proportionnel des patentables qui exercent leur profession dans des locaux leur appartenant, en se réservant de répondre, à ceux qui feraient des observations : il n'y a plus à hésiter, la question a été jugée; nous avons une décision du Conseil de préfecture.

Mais la Compagnie ne saurait se résigner à être l'instrument passif dont on se servirait pour obtenir cette augmentation d'un tiers sur le droit proportionnel; et alors, c'est pour elle un devoir d'appeler l'attention du Préfet de la Seine, du Ministre des finances et du Ministre de l'intérieur sur les redoutables conséquences que de telles augmentations peuvent avoir pour le maintien de la tranquillité dans la capitale.

Mais l'expert de l'Administration a plusieurs cordes à son arc.

Il fait entrer dans l'estimation de la valeur locative plusieurs objets qui ne sont pas imposables et qui, d'ailleurs, ne sont pas imposés. Je vais en donner la nomenclature en accompagnant chaque article de mes observations. Mais avant, je dois m'élever contre cette tendance qui consiste à désigner certaines portions de la gare par un nom qui ne leur appartient pas, ce qui pourrait avoir pour résultat d'induire en erreur les juges appelés à prononcer sur la réclamation.

Ainsi, il donne à plusieurs parties non bâties de la gare, le nom de cour. Comme l'a fait observer l'expert de la Compagnie, une cour est une portion de terrain découverte, dépendant d'une maison, d'un hôtel, d'un palais, et qui est fermée de murs ou entourée de bâtiments. Or, il n'existe rien de pareil dans la gare. L'expert de l'Administration a compris sans doute que l'évaluation de ces terrains ne pourrait pas être maintenue dans la valeur locative imposable ; aussi, lorsqu'il s'est agi de la contribution foncière, il en change le nom, et les appelle chantiers. Mais, ce qui est infiniment plus extraordinaire, il prétend qu'ils sont clôturés ; il va même jusqu'à évaluer ces clôtures à 94,009 fr., savoir : 67,390 f. pour la gare de Paris, et 26,619 fr. pour l'arrière-gare de Bercy. Or, il n'y a là de clôture d'aucune espèce, ni mur, ni haie, ni barrière.

L'expert de l'Administration appelle aussi les halles de chargement et de déchargement, que les marchandises ne font que traverser, des magasins, des entrepôts. Evidemment, ce n'est pas là une désignation qui puisse leur convenir.

Je regrette surtout qu'il n'appuie pas ses motifs sur des articles de loi, sur des arrêts du conseil d'Etat, au lieu de ne se baser que sur son simple raisonnement.

Pourquoi surtout ne dit-il rien de cet article 13 de la loi du 4 juin 1858, qui est la condamnation la plus formelle de toutes ses taxations posthumes ?

Terrains servant de cour.

Pour établir la valeur locative de chaque bâtiment, l'expert de l'Administration prend, par la pensée, autour de ce bâtiment, une surface égale à celle qu'il occupe, et il la fait entrer dans l'estimation de la valeur

8

locative. Ainsi, pour les bâtiments de la gare de Paris, qui n'occupent qu'une superficie de 45,443 mètres carrés, il ajoute à cette surface environ 46,000 mètres pour terrains servant de cours ou de chantiers, et il gagne ainsi, d'un seul coup de filet, pour la gare de Paris, une valeur capitale de 1,079, 717 fr. qui, à 6 p. 100, font une valeur locative de 64,783 fr. La surtaxe de 70,850 fr., relative à l'embarcadère des voyageurs, se trouve ainsi compensée à 6,067 fr. près.

Pour la gare de Bercy, les bâtiments occupent une surface de 39,568 mètres carrés. Il y ajoute 37,703 mètres pour cours, et obtient ainsi une valeur capitale de 353,100 qui, à 6 p. 100, donnent une valeur locative de 21,186 francs. La surtaxe relative à la halle aux vins, qui est de 21,250 francs, se trouve ainsi compensée à 64 francs près.

On voit qu'avec un pareil système, on pourrait aller fort loin. C'est un procédé infaillible pour justifier toutes espèces d'évaluations, et certes il ne présente pas de bien grandes difficultés. Il suffit de supposer qu'il existe une cour plus ou moins grande, selon le chiffre auquel on veut arriver; on peut même ajouter, au besoin, qu'il y a été établi des clôtures d'un prix plus ou moins élevé.

Pour justifier cette étrange évaluation de cours qui n'existent pas, l'expert de l'Administration dit que la Compagnie est dans la catégorie de tout propriétaire de bâtiments destinés à être loués à l'industrie; qu'on comprend dans l'estimation de la valeur locative, non-seulement l'emplacement occupé par les bâtiments, mais encore la surface des cours; que ce serait agir contrairement à l'esprit de la loi que d'écarter ces terrains des bases de l'impôt.

Mais pour comprendre des cours dans la base de l'impôt, il faut au moins qu'elles existent. Or il n'y en a pas. L'expert de l'Administration est malgré lui forcé de le reconnaître lorsqu'il dit : « L'importance de l'exploitation de la Compagnie nous a amené à penser qu'en ajoutant à la valeur locative des constructions une surface de terrain égale à celle des constructions, nous placerions la Compagnie dans les conditions les plus favorables faites à toutes les propriétés occupées par les industriels. » Peut-on avouer d'une manière plus explicite que les cours qu'on veut imposer n'existent pas, et qu'on en suppose l'existence ?

Malheureusement pour l'expert de l'Administration, il existe dans la gare même des bâtiments loués par la compagnie, et le mode de location fait évanouir toute cette fantasmagorie de cours entourant les bâtiments qu'il lui a plu d'évoquer.

La Compagnie a fait construire un hangar avec cases à charbon qu'elle loue. La location ne comprend que la surface couverte par le hangar. Le terrain placé en face du hangar n'en fait nullement partie, ni en petite, ni en grande quantité. Les locataires n'ont pas le droit d'établir sur ces terrains des dépôts de charbon, et s'ils voulaient y en placer, la Compagnie les forcerait à les enlever. Les charrettes viennent se placer pour charger et décharger les charbons en face du hangar, sur ce terrain, qui fait partie de la voie publique, sur laquelle il a accès tout comme les marchands et les manufacturiers ont accès sur les rues, sur les places ou sur les voies publiques, sans qu'ils aient besoin de louer en sus des bâtiments une surface de terrain égale à celle qu'occupaient ces bâtiments.

L'expert de l'administration agit ici comme un propriétaire qui dirait à la personne à laquelle il va affermer son établissement : Le prix de location sera de dix mille francs. Il n'y a pas, il est vrai, de cour à mon établissement, mais je suppose qu'il en existe d'une surface égale à celle des bâtiments, et j'augmente, par ce motif, votre loyer de 2,000 francs. Quel est le propriétaire qui oserait faire de telles propositions ? quel est le fermier qui pourrait y souscrire ?

L'expert de l'Administration donne aux cours qu'il annexe par la pensée à chaque bâtiment, une surface égale à celle de ce bâtiment. Mais, ainsi que l'a fait observer l'expert de la Compagnie, il est matériellement impossible de réaliser cette supposition pour plusieurs bâtiments, car ils sont tellement resserrés entre les voies, les murs de clôture de la gare et d'autres bâtiments, qu'on ne pourrait trouver autour d'eux une surface égale à leur superficie. Il n'est pas un établissement industriel possédant des cours, qui en ait d'une surface proportionnellement aussi grande. Elle est égale au quart, au cinquième, au dixième de celle des bâtiments ; jamais elles n'ont la même surface. Dans le principe, il n'avait été question de prendre que deux mètres autour de chaque bâtiment et sur toutes ses faces. Mais on n'avait ainsi qu'une surface d'environ 5,000 mètres carrés, qui ne suffisait pas pour compenser la surtaxe provenant des erreurs relatives à l'embarcadère de Paris et à la halle aux vins de Bercy. On a alors imaginé de doubler la surface, ce qui donne pour le bâtiment des forges, de l'ajustage, du montage et de la chaudronnerie, par exemple, un pourtour de 35 mètres de largeur au lieu de 2 mètres.

La proposition de comprendre dans l'estimation de la valeur locative imposable une partie de la surface de la

gare qu'on suppose être la cour des bâtiments, est
en opposition avec l'arrêt du Conseil d'État sur le pourvoi de la Compagnie des chemins de fer de Montpellier à
Nîmes, relatif à la gare du Champ-de-Mars à Nîmes.
Cet arrêt porte que la surface des gares ne doit pas entrer
dans l'estimation de la valeur locative, attendu qu'elles
sont une dépendance de la voie publique, et aussi avec
l'article 45 de l'instruction du directeur général des contributions directes du 31 juillet 1858, qui dispose qu'on
ne doit faire entrer dans l'estimation de la valeur locative que celle du sol des bâtiments.

D'ailleurs, ces prétendues cours n'ont pas été comprises dans les bases actuelles de l'impôt. Ce n'est pas là un
fait nouveau qu'on aurait omis de constater. On ne peut
donc les reprendre dans le calcul de la taxe rectifiée de
1861 sans violer l'article 13 de la loi du 4 juin 1858.

Le travail de l'expert de l'Administration serait susceptible de moins de rectifications si, au lieu de le baser
sur des suppositions, il se conformait aux textes de la loi
et aux arrêts du Conseil d'État dont il s'abstient pru-
demment de parler.

Dépôt de matériaux d'approvisionnement sur la surface de la gare.

L'existence de divers matériaux d'approvisionnement
tels que houille, traverses en bois, roues, coussinets, etc.,
sur quelques parties de la surface de la gare, ne saurait
avoir pour résultat de faire entrer ces terrains dans l'estimation de la valeur locative. Il ne faut pas confondre
ces dépôts avec les chantiers sur lesquels les marchands
de houille, de bois, etc., exercent leur profession; car il

ne s'agit pas ici de matériaux à vendre, mais d'approvisionnements pour l'exploitation du chemin de fer.

L'expert de l'Administration dit qu'ils servent non à l'industrie des chemins de fer proprement dite, mais à l'entretien et à la réparation du matériel. En vérité, je ne comprends pas la distinction qu'il fait ici. Est-ce que le matériel roulant ne sert pas à l'industrie des chemins de fer? Est-ce que les ateliers de réparations ne figurent pas au nombre des bâtiments dont le cahier des charges force les Compagnies à être pourvues, et qui feront retour à l'État à la fin du bail? Pourquoi n'a-t-il pas consulté ce cahier avant de faire une distinction inadmissible entre l'industrie des chemins de fer proprement dite, et l'entretien ainsi que la réparation du matériel? Il aurait vu qu'il devait s'abstenir de créer des distinctions, là où le législateur n'en a pas faites.

Il croit réfuter l'expert de la Compagnie en disant que celui-ci paraît s'être spécialement occupé des dangers qui pourraient survenir, si la Compagnie n'avait pas à sa disposition un matériel de rechange pour remplacer celui à l'état d'usure, et celui qui, par suite d'un accident, doit être changé immédiatement; mais qu'il n'a pas pensé devoir entrer dans le détail des services rendus par les surfaces de la gare converties en chantiers.

L'expert de l'Administration n'a sans doute pas lu l'avis de son collègue, qui se trouve en regard du sien sur le même cahier, car l'expert de la Compagnie, après avoir établi ce qu'est le chantier où le marchand de bois, de houille, etc., fait ses ventes, dit qu'il ne faut pas le confondre avec les dépôts d'approvisionnement de la Compagnie. Il fait ensuite connaître l'usage auquel ces dépôts sont destinés. Mais, ce qui doit paraître bien extraordinaire, c'est que, dans la première partie de sa phrase, l'expert de l'Administration dit quels sont les services que rendent, d'après son collègue, ces dépôts d'approvisionnement, destinés à recevoir le matériel de rechange, et que, dans la dernière partie de la même phrase, il reproche à son co-expert de ne pas entrer dans le détail des services rendus par les surfaces de la gare converties en chantiers. Une telle contradiction, dans la même phrase, est vraiment inexplicable. Vous dites que les chantiers servent de dépôt pour le matériel de rechange; mais vous vous gardez bien de dire à quel usage ils servent. Voilà la logique de l'expert de l'Administration.

Cet expert dit que son co-expert paraît s'être occupé spécialement des dangers qui pourraient survenir, si la Compagnie n'avait pas à sa disposition un matériel de rechange.

Sans doute, l'expert de la Compangie s'est occupé de cette question d'une si grande importance; mais il a donné aussi plusieurs autres motifs que l'expert de l'Administration s'est bien gardé de discuter. Comment n'a-t-il pas compris que son collègue, en signalant la nécessité d'encourager les Compagnies à se précautionner contre toute espèce d'accidents, a voulu surtout s'élever contre ce brutal esprit de fiscalité, qui frappe en aveugle tout ce qu'il trouve sur son chemin, sans se préoccuper aucunement de ce que les Compagnies sont obligées de faire, pour assurer la sécurité des voyageurs et la conservation des marchandises et autres objets qui leur sont confiés.

Au surplus, tout ce que j'ai dit pour les prétendues cours des bâtiments qu'on veut soumettre à l'impôt, quoiqu'elles ne soient ni imposées ni imposables, s'applique également à la partie de la surface des gares qui reçoit des dépôts de matériaux d'approvisionnement. Il existait aussi des dépôts de bois, de fer, de houille et autres matériaux sur la surface de la gare du Champ-de-Mars à Nîmes, et néanmoins le Conseil d'État décida, par son arrêt du 23 juin 1849, que cette surface n'était pas imposable, attendu qu'elle était une dépendance de la voie publique.

Rails et plaques tournantes placés à l'extérieur des bâtiments et surface de la gare qu'ils couvrent.

L'expert de l'Administration renouvelle ici sa distinction entre les remises de voitures et de locomotives et les ateliers d'une part, et de l'autre, ce qu'il lui plaît d'appeler des magasins et des entrepôts et qui n'est autre que les halles de chargement et de déchargement. Il considère les rails et les plaques tournantes conduisant aux remises et aux ateliers, comme dépendant entièrement de ces bâtiments pour le service desquels ils ont été établis et aucunement pour les besoins de la voie ferrée. Il fait la supposition complètement inadmissible que la Compagnie aurait établi ses remises de voitures et ses ateliers de réparations à une grande distance de la gare, et il dit que dans ce cas on n'aurait pas établi des rails et des plaques tournantes pour les y conduire. Il suppose sans doute que la Compagnie, dirigée par des motifs d'économie, aurait pu établir ses remises de voitures et de locomotives et ses ateliers de réparations à Neuilly, par exemple, et que, ne pouvant placer des rails entre la gare et cette localité, elle se serait servie de chevaux pour les y conduire. En vérité, de telles suppositions ne mériteraient pas d'être discutées, ni même d'être relevées. Finalement il en conclut que les rails et les plaques tournantes conduisant aux remises et aux ateliers de réparations doivent être soumis à l'impôt, ainsi que le sol qu'ils cou-vrent, et que ceux qui conduisent à ce qu'il persiste à appeler les magasins et les entrepôts, doivent être assimilés à la voie ferrée.

Je répéterai que si l'expert de l'Administration avait pris la peine de lire le cahier des charges de la Compagnie il n'aurait pas fait la distinction qu'il s'efforce si péniblement d'établir. Ce cahier ne distingue nullement entre les bâtiments servant à remiser le matériel roulant et à le réparer, et ceux qui servent au chargement et au déchargement des marchandises. La Compagnie est tenue de faire construire tous ces bâtiments et de les remettre à l'État, à l'expiration de son bail, avec les voies ferrées qui conduisent aux uns et aux autres et qui sont la propriété de l'État. Ces voies ferrées ne doivent donc pas entrer dans l'estimation de la valeur locative imposable. C'est ce que le Conseil d'Etat a déjà jugé d'une manière très-explicite par l'arrêt du 23 juin 1849, relatif à la gare du Champ-de-Mars à Nîmes, qui ne servait pas au transport des voyageurs, et où se trouvaient les remises et les ateliers de réparations. Mais, l'expert de l'Administration se gardera bien de mentionner cet arrêt qui condamne toutes ses propositions. D'ailleurs, ces rails et ces plaques tournantes, ainsi que le sol qu'ils couvrent, n'entrent pas dans l'estimation de la valeur locative sur laquelle l'impôt est aujourd'hui établi, et on ne peut les comprendre dans la vérification de la taxe de 1861 sans violer l'article 13 de la loi du 4 juin 1858 dont notre adversaire semble ignorer l'existence.

*Rails et plaques tournantes existant à l'intérieur des
bâtiments.*

L'expert de l'Administration persévère toujours dans
son système de mettre de côté les lois, les arrêts du Conseil d'État, le cahier des charges de la Compagnie et de
ne baser ses propositions que sur son simple raisonnement. Il peut sans doute avoir à ses yeux une bien grande
autorité ; mais en définitive elle doit être moins grande
que celle des actes officiels que je viens de citer.

Pour lui, les ateliers de réparations, les remises à voitures, la rotonde et la demi-rotonde n'ont été établis que
pour l'exploitation particulière de l'industrie de la Compagnie, et non pour l'exploitation de son privilége de transports. En conséquence, il pense que les rails et les plaques tournantes, placés dans ces bâtiments, doivent entrer dans l'estimation de la valeur locative.

Mais la Compagnie n'a pas, comme il lui plaît de le
supposer, deux industries : l'une pour le transport des
voyageurs et des marchandises, l'autre pour le remisage
et la réparation du matériel roulant. Ce n'est là qu'une
seule et même chose ; ce sont deux parties d'un même
tout ; sans l'une, l'autre ne saurait exister. Peut-on en
effet distinguer raisonnablement la concession des transports, des moyens avec lesquels on les exécute ; prétendre
que ce sont là deux industries, deux exploitations différentes, est évidemment une aberration d'esprit, car la
concession est faite pour établir un chemin de fer, et
elle comprend tout ce qu'embrasse l'exploitation de
cette concession, c'est-à-dire, les remises et les ateliers

de réparations comme les halles de chargement et de déchargement.

L'expert de l'Administration revient sur une supposition qui, selon lui, devrait faire grand honneur à l'esprit d'économie de la Compagnie. Ces bâtiments, dit-il, pourraient être à une distance beaucoup plus grande et ne faire nullement partie de la gare proprement dite. Dans ce cas, soutiendrait-on qu'ils sont des dépendances de la voie publique? Nous ne le pensons pas. Eh bien, pour nous, il n'y a pas de différence à faire. — Ce qui revient à dire : ces bâtiments sont, il est vrai dans l'intérieur de la gare; mais pour nous c'est comme s'ils en étaient à 12 ou 15 kilomètres. En vérité, un homme sérieux peut-il faire de telles suppositions en les appuyant sur des raisonnements de cette force ?

Je n'ai qu'à répéter ce que j'ai dit pour l'article précédent. Le cahier des charges impose à la Compagnie l'obligation d'avoir, non-seulement des halles de chargement et de déchargement, mais encore des remises de voitures, des rotondes, des demi-rotondes, des dépôts de machines, des ateliers de réparations convenablement disposés pour remiser et réparer le matériel roulant. Elle devra les rendre en bon état au gouvernement à l'expiration de la concession. Il s'est armé d'une telle autorité à cet égard que, dans les cinq années qui précèdent le terme de la concession, il a le droit de mettre saisie-arrêt sur les revenus du chemin de fer et de les employer à rétablir en bon état le chemin et toutes ses dépendances, si la Compagnie ne se mettait pas en mesure de satisfaire pleinement et entièrement à cette obligation. Mais l'expert de l'Administration a la prétention de vouloir vérifier la valeur locative sur laquelle l'impôt doit être établi sans connaître le cahier des charges.

D'ailleurs il existait des rails et des plaques tournantes à l'intérieur des ateliers de réparations et des remises sur la gare du Champ-de Mars à Nîmes, et le Conseil d'État a déclaré formellement, par son arrêt du 23 juin 1849, qu'ils ne doivent pas entrer dans l'estimation de la valeur locative imposable.

Enfin, ces rails et ces plaques tournantes n'entrent pas dans les bases actuelles de l'impôt et, comme il ne s'agit pas d'un fait nouveau, on ne saurait les comprendre dans la vérification de la taxe de 1861 sans violer l'article 13 de la loi du 4 juin 1858.

Murs de soutenement des terres.

Les murs de soutenement des terres, qui ne font pas corps avec les bâtiments servant à l'exploitation, ne doivent pas entrer dans l'estimation de la valeur locative, même lorsqu'ils ont pour but et pour résultat d'agrandir la surface de la gare, d'abord parce que cette surface n'est pas imposable, en second lieu parce que l'impôt ne doit être établi que sur la valeur locative des bâtiments servant à l'exploitation, et parce que d'ailleurs ces murs n'ont aucune influence sur cette valeur locative.

L'expert de l'Administration avoue lui-même que ces murs de soutenement ne sont susceptibles d'aucune location. Mais ils ont servi, dit-il, à agrandir la surface de la gare, ce qui a permis de construire de nouveaux bâtiments et permettra encore d'en construire d'autres plus tard.

La valeur locative de ces nouveaux bâtiments est entrée dans les bases de l'impôt. Celles des bâtiments qu'on pourra construire encore y entrera également. Mais ce n'est pas une raison pour imposer les murs de soutenement qui, comme il l'avoue, n'ont pas de valeur locative.

D'ailleurs, ils ne sont pas compris dans les bases actuelles de l'impôt et, comme il ne s'agit pas d'un fait nouveau, ils ne sauraient entrer dans la taxe de 1861 sans violer l'article 13 de la loi du 4 juin 1858.

Aqueducs, égouts pour l'assainissement de la gare.

Ces aqueducs et ces égouts, destinés à l'assainissement de la gare, ne reçoivent pas seulement les eaux pluviales qui découlent de la toiture des bâtiments; ils reçoivent aussi celles qui tombent sur la surface entière de la gare. C'est à cette surface qu'ils appartiennent et non aux bâtiments dont ils sont indépendants et dont ils n'augmentent pas la valeur locative. Ils ne doivent donc pas entrer dans l'estimation de cette valeur locative.

M. l'expert de l'Administration dit qu'on semble admettre un cinquième au moins de ces égouts comme pouvant se rattacher aux bâtiments. Mais il se trompe étrangement. Son collègue, en repoussant avec la plus grande réserve, l'esprit de fiscalité que son co-expert apporte dans l'examen de cette affaire, fait remarquer qu'un cinquième seulement de la gare est couvert de bâtiments, et que dès-lors, la partie de ces aqueducs et de ces égouts afférent aux bâtiments est d'un cinquième. Mais il n'en tire nullement la conclusion que ce cinquième doit entrer dans les bases de l'impôt.

L'expert de l'Administration exprime des regrets de ce

que la Compagnie n'a pas cru devoir lui fournir les renseignements nécessaires à l'estimation de ces égouts.

La Compagnie n'avait pas de communications à faire à ce sujet ; — attendu que ces aqueducs et égouts, destinés à l'assainissement de la gare, ne figurent pas parmi les éléments que la loi donne pour base à l'impôt, et qu'elle ne pouvait encourager elle-même cet expert à persévérer dans une voie tout à fait extra-légale.

J'ajouterai que ces aqueducs et ces égouts n'entrent pas dans les bases sur lesquelles l'impôt est aujourd'hui établi, et que, comme il ne s'agit pas d'un fait nouveau, on ne saurait les comprendre dans la vérification de la taxe de 1861, sans violer l'article 13 la loi du 4 juin 1858.

Conduites souterraines des eaux.

Ces conduites ne fournissent pas seulement de l'eau aux bâtiments ; elles en fournissent aussi à la surface de la gare, pour en entretenir la propreté, et aux machines locomotives. Elles ne font donc pas partie des bâtiments, et elles ne doivent pas entrer dans l'estimation de leur valeur locative.

L'expert de l'Administration se condamne d'ailleurs lui-même lorsqu'il dit, à l'article de la canalisation du gaz, que cette location du gaz, ainsi que celle des eaux, est un revenu spécial désigné sous le nom d'éclairage et eaux. Le propriétaire se borne à se faire rembourser, par le locataire, la partie afférente à l'appartement loué de la somme qu'il paie à la ville pour le loyer des eaux. Il ne fait donc pas une location, et son appartement n'a lpas une plus grande valeur locative. Le paiement qu'on ui fait est le remboursement d'une avance.

L'expert de l'Administration dit que si une partie des bâtiments de la gare était à louer, leur valeur locative serait plus élevée que celle des bâtiments semblables dans lesquels ne se trouveraient pas les eaux de la ville. Mais ce ne serait pas la Compagnie qui profiterait de cette différence de prix, ce serait la ville, soit que la Compagnie lui payât la jouissance des eaux, soit qu'elle lui fût payée par le locataire.

Il prétend aussi que dans son estimation des conduites d'eau, il a distingué celles qui sont afférentes aux bâtiments et celles qui intéressent le service de la ligne. Il oublie de parler de la surface de la gare. La distinction qu'il fait est impossible; car les mêmes tuyaux conduisent les eaux aux bâtiments, sur la partie de la surface de la gare non bâtie et sur la voie.

Je me réfère à ce que j'ai dit à l'article des aqueducs au sujet de la non communication des mémoires relatifs à l'établissement de ces conduites d'eau.

J'ajouterai que ces conduites souterraines d'eau n'entrent pas dans les bases sur lesquelles l'impôt est aujourd'hui établi, et que comme il ne s'agit pas ici d'un fait nouveau, on ne saurait les comprendre dans la vérification de la taxe de 1861 sans violer l'article 13 de la loi du 4 juin 1858.

Canalisation du gaz et appareils d'éclairage.

Comme les conduites d'eau, cette canalisation ne fournit pas seulement du gaz aux bâtiments; elle en porte aussi aux nombreux appareils d'éclairage qui sont placés sur toute la surface de la gare. On ne peut donc pas la considérer comme faisant partie des bâtiments, et elle ne doit pas entrer dans l'estimation de leur valeur locative.

Ainsi que je l'ai fait observer à l'article des conduites souterraines d'eau, l'expert de l'Administration se con - damne lui-même lorsqu'il dit que la location du gaz, ainsi que celle des eaux, est pour le propriétaire un revenu spécial, sous le nom d'éclairage et eaux. Mais désigner cela sous le nom de revenu spécial, est une erreur; car, encore une fois, le propriétaire ne se fait rembourser qu'une avance.

Il prétend aussi qu'il n'a porté dans son estimation que la distribution de gaz afférente aux divers bâtiments et à leurs dépendances réelles. Mais c'est impossible, puisque les mêmes tuyaux principaux conduisent le gaz dans les bâtiments, sur la surface de la gare et sur la voie.

Je ferai d'ailleurs observer avec l'expert de la Compagnie que les tuyaux de gaz n'entrent pas dans la valeur locative sur laquelle est établi le droit proportionnel de la patente des compagnies de gaz, et que cependant ils contribuent à lui donner des bénéfices. A plus forte raison, ne doivent-ils pas entrer dans l'estimation de la valeur locative servant de base à la patente de la Compagnie, puisque loin de lui donner un revenu, ils sont pour elle une cause de dépenses.

Je me réfère à ce que j'ai dit à l'article des aqueducs au sujet de la non communication des mémoires relatifs à l'établissement de cette canalisation du gaz.

J'ajouterai enfin que cette canalisation du gaz et ces appareils d'éclairage n'entrent pas dans les bases sur lesquelles l'impôt est aujourd'hui établi; et que, comme il ne s'agit pas ici d'un fait nouveau, d'un changement, on ne saurait les comprendre dans la vérification de la taxe de 1861, sans violer l'article 13 de la loi du 4 juin 1851.

Outillage fixe.

L'expert de l'Administration dit qu'il ne voit aucun motif qui puisse faire retrancher l'outillage fixe de l'estimation de la valeur locative.

Selon son usage, il ne tient aucun compte ni des textes de loi, ni des arrêts du conseil d'Etat.

L'article 9 de la loi du 25 avril 1844 dit qu'on doit faire entrer dans l'estimation de la valeur locative les moyens matériels de production. Or, l'outillage des chemins de fer, fixe ou non, n'est pas un moyen matériel de production, comme l'est celui des usines et des manufactures. Le conseil d'administration des contributions directes et le ministre des finances l'ont reconnu dans l'affaire de la gare de Nîmes.

En second lieu, l'article 13 de la loi du 4 juin 1858 ne permet pas de reprendre dans la vérification de la taxe de 1861 cet outillage qui est aussi ancien que les ateliers, et dont la valeur locative n'entre pas dans l'établissement de cette taxe.

Enfin, l'arrêt du conseil d'État du 9 janvier 1861, n° 31602 ne permet pas d'admettre cet outillage, aujourd'hui non imposé, en compensation de la surtaxe qui pèse sur divers bâtiments de la gare, notamment sur l'embarcadère des voyageurs.

Je crois d'ailleurs qu'il y a plusieurs erreurs dans le chiffre 15,813 francs que l'expert de l'Administration porte pour l'outillage ou le mobilier de la gare de Paris. Il paraît qu'il a compris dans cette somme celui de l'arrière-gare de Bercy qui, en effet, ne figure pas à cet article.

9

Cabinets d'aisances.

Je ferai observer avec l'expert de la Compagnie que les cabinets d'aisances n'ont pas de valeur locative, qu'ils ne servent pas à l'exploitation du chemin de fer, et qu'ils ne sauraient dès-lors entrer dans l'établissement des taxes de patente. D'ailleurs, ils ne sont pas aujourd'hui imposés, et comme il ne s'agit pas là d'un changement, d'un fait nouveau, on ne saurait les comprendre dans la vérification de la taxe de 1861, sans violer l'article 13 de la loi du 4 juin 1858.

Pavages à l'extérieur des bâtiments.

Ils ne doivent pas entrer dans l'estimation de la valeur locative, d'abord parce qu'ils se trouvent sur la surface de la gare qui n'est pas imposable, en second lieu, parce que ne faisant pas partie des bâtiments, ils n'ajoutent rien à leur valeur locative, qui seule doit servir de base à l'impôt.

L'expert de l'Administration, pour faire admettre son évaluation, se sert des mots pavés des cours. Je répète qu'il n'existe pas de cours sur la surface de la gare. Ces terrains sont ceux que cet expert prend par la pensée autour de chaque bâtiment et en contenance égale à celle de ces bâtiments, et dont il fait des cours, bien qu'elles n'existent réellement pas. D'ailleurs, ces pavés n'entrent pas dans les bases de l'impôt aujourd'hui établi, et comme il ne s'agit ni d'un changement, ni d'un fait nouveau, on ne saurait les y comprendre sans violer l'article 13 de la loi du 4 juin 1858.

Quel est donc le but de toutes ces additions faites à la

valeur locative, pour des objets qui ne doivent pas entrer dans les bases de l'impôt, d'abord, parce qu'étant indépendants des bâtiments, ils ne sont pas imposables, en second lieu, parce que, dans tous les cas, ces objets n'étant pas aujourd'hui imposés, il n'est plus possible de les comprendre dans les éléments de la vérification de la taxe de 1861 ?

Ces additions s'élèvent à 86,589 fr. pour la gare de Paris, et la surtaxe de 70,850 fr., résultant de l'erreur relative à l'embarcadère des voyageurs se trouve ainsi absorbée.

Elles s'élèvent à 39,600 fr. pour l'arrière-gare de Bercy et la surtaxe de 19,300 fr. sur la halle au vin se trouve ainsi annulée.

Mais je trouve encore ici une de ces erreurs dont fourmille le travail de l'expert de l'Administration, et qui prouvent que, malgré le soin qu'il a pris d'en combiner toutes les parties, il surgit souvent des faits qui démontrent que ce travail ne doit inspirer qu'une très-faible confiance.

En faisant l'évaluation des aqueducs, égouts, conduites souterraines des eaux, canalisation du gaz, murs de soutenement des terres, pavage, etc., cet expert a dû prendre la valeur de 1861, comme il l'a fait pour les terrains qu'il lui a plu d'appeler des cours ; en effet, il ne fait pas subir le rehaussement de 10 f., 50 p. 100 à ces évaluations comme il l'a fait pour les bâtiments. Je prends acte de ce fait et je lui demanderai, lorsqu'il s'agira de la contribution foncière, pourquoi il n'a pas fait la réduction de 10 f., 50 p. 100 sur ces évaluations pour revenir aux valeurs de 1862, qui doivent servir de base à l'impôt. Il n'est donc pas bien convaincu de cette nécessité du rehaussement de 10 f., 50 p. 100 qu'il fait subir aux valeurs de construction des bâtiments, car, si c'était un fait bien certain pour lui, il ne manquerait pas de se le rappeler lorsqu'il s'agit de la contribution foncière.

Puisque je suis en train de relever les irrégularités qui prouvent que l'expert de l'Administration n'a pas fait ses évaluations avec exactitude, je dois appeler l'attention sur un autre fait assez significatif.

Lorsque les experts commencèrent leurs opérations, et qu'après avoir fait le dépouillement des actes d'acquisition du terrain il s'agît de fixer la valeur du sol, ils décidèrent qu'ils prendraient la moyenne du prix d'achat. Ils le disent formellement en tête de leur rapport, et cette valeur moyenne figure dans leurs tableaux d'évaluation à la colonne valeur du sol. Mais cette valeur, réunie à celle des constructions, donnerait une valeur locative inférieure à celle qui sert de base à l'impôt. L'expert de l'Administration la repousse et applique le prix d'acquisition des terrains achetés en 1860, même à ceux qui avaient été achetés en 1852, de sorte que, pour lui, les chiffres qui ont été primitivement portés dans cette colonne sont devenus sans utilité. Il les a, il est vrai, reportés dans le tableau relatif à la contribution foncière ; mais, par une espèce de fatalité, les chiffres qu'il a adoptés pour cette contribution auraient dû être mis de côté. Car il s'agit d'établir la valeur du sol et des bâtiments en 1852, et non la moyenne de la valeur du sol de 1852 à 1860. Il y aura donc, sous ce rapport, une réduction à faire sur son travail relatif à cette dernière contribution.

Ainsi, cette valeur moyenne du sol, que les experts avaient établie d'un commun accord dès le principe, devient sans objet pour l'expert de l'Administration, en ce qui concerne la contribution des patentes, parce qu'il croit devoir appliquer aux terrains anciennement et nouvellement achetés les prix de 1860, ce qui a pour résultat de rehausser la valeur locative ; et, en ce qui concerne la contribution foncière, parce qu'il faut, dans l'intérêt de l'égalité proportionnelle, revenir pour tous les terrains aux prix de 1852, bien qu'il ait cru devoir prendre le prix moyen, qui aurait pour résultat d'augmenter le revenu net imposable.

Je pourrais citer d'autres faits et d'autres erreurs. Ceux qui précèdent me semblent devoir suffire. Je vais résumer mes observations.

La vérification de la valeur locative, sur laquelle est établie la taxe de patente de la Compagnie pour 1861, avait fait découvrir deux surtaxes considérables : l'une de 70,850 fr. sur l'embarcadère de la gare de Paris, l'autre de 19,300 fr. sur la halle aux vins de l'arrière-gare de Bercy.

Pour compenser ces surtaxes, on a imaginé de calculer les valeurs locatives à raison de 6 p. 100, lorsqu'elles le sont pour les autres gares et les autres patentables à raison de 5 p. 100, de rehausser les évaluations de 10 fr., 50 p. 100, sur le motif que le prix des matériaux de construction a augmenté d'autant depuis 1852, et d'appliquer à tous les terrains indistinctement, non pas leur valeur d'acquisition, mais celle des terrains les plus récemment achetés. L'expert de l'Administration a fourni lui-même la preuve que ces bases d'évaluation sont inexactes, que les motifs qui l'ont déterminé à les adopter reposent sur des erreurs matérielles de calcul, ainsi que je l'ai fait voir au commencement de ces observations. On obtenait, en opérant sur ces bases, une augmentation de 116,350 fr. sur les évaluations primitives pour la gare de Paris, et de 53,350 fr. pour l'arrière-gare de Bercy.

Mais, de telles bases ne sauraient être adoptées, car, non-seulement elles sont en opposition, sous beaucoup de rapports, avec la réalité des faits, mais elles sont contraires à l'égalité proportionnelle, qui est un principe fondamental en matière de contributions, et doit être observé à l'égard des impôts de quotité, comme à l'égard des impôts de répartition, et elles entraîneraient fatalement à augmenter d'un tiers le droit proportionnel des taxes de patente d'un grand nombre des plus forts patentables de la ville de Paris, ce qui pourrait avoir politiquement de funestes conséquences pour le maintien de la tranquillité dans la capitale.

Alors on a recouru à une autre combinaison qui prouve que l'imagination de l'homme n'a pas de limites. On a supposé que chacun des bâtiments de la gare était entouré d'une cour, bien qu'il n'existe de cour autour d'aucun d'eux, que pour plusieurs bâtiments resserrés entre la voie, des terrains en contre-bas et d'autres bâtiments, la réalisation de cette supposition soit impossible. D'ailleurs, la location que nous faisons de nos hangars ou cases à charbons, prouve qu'elle est en complète opposition avec la vérité. On a appliqué à tous ces terrains, non pas leur prix d'acquisition, mais le prix des terrains le plus récemment achetés, et on a calculé leur valeur locative à raison de 6 p. 100 au lieu de 5 p. 100. On a obtenu ainsi une augmentation de 64,783 fr. sur les évaluations premières pour la gare de Paris, et de 21,186 fr, pour l'arrière-gare de Bercy.

Mais la taxation de ces terrains ne saurait être adoptée, car, non-seulement ces prétendues cours n'existent pas et ne peuvent matériellement pas être annexées à chaque bâtiment, mais encore ce qui se passe dans la gare pour les hangars où cases à charbons que loue la Compagnie, donne le démenti le plus formel à cette supposition. D'ailleurs, l'arrêt du conseil d'État sur la taxe de patente de la gare de Nîmes, et le cahier des charges de la Compagnie portent que les surfaces de la gare, non couvertes de bâtiments, ne doivent pas entrer dans l'estimation de la valeur locative servant de base au droit proportionnel de la taxe de patente.

Alors on a réuni tout ce qu'on a pu trouver en dehors des bâtiments qui, d'après la loi et le cahier des charges doivent seuls servir de base à l'impôt des patentes; on a donné une évaluation aux pavages, aux conduites souterraines des eaux, aux aqueducs et égouts pour l'assainissement de la gare, à la canalisation du gaz et aux appareils d'éclairage, aux murs de soutenement des terres, aux rails et aux plaques tournantes conduisant aux remises et aux ateliers de réparations, et on a obtenu de tous ces objets, en appliquant le taux de 6 p. 100, une valeur locative de 86,589 fr. pour la gare de Paris, et de 39,600 fr. pour l'arrière-gare de Bercy.

Maintenant on nous dit : Vous ne voulez pas des évaluations faites par l'expert de l'Administration. Eh bien ! nous ferons une évaluation par mètre carré, en nous basant sur nos simples appréciations, et nous verrons si elle ne dépassera pas les bases sur lesquelles l'impôt est établi.

Sans doute la loi donne le droit, à défaut de baux et de moyens de comparaison avec d'autres locaux dont le loyer aura été régulièrement constaté, ou sera notoirement connu, d'établir la valeur locative par voie d'appréciation.

Mais cette appréciation doit être basée sur autre chose que sur le caprice, les bonnes ou mauvaises dispositions, l'intelligence plus ou moins grande des intentions du législateur de la part de celui qui est chargé de la faire.

C'est parce qu'il avait mûrement pesé toutes ces considérations, que le Directeur général des contributions directes a dit avec juste raison : « Les bâtiments servant
» à l'exploitation des chemins de fer, n'étant point géné-
» ralement affermés et ne pouvant guère être comparés
» à d'autres bâtiments affermés, on estimera partout,
» afin d'arriver autant que possible à des résultats uni-
» formes, la valeur locative pour laquelle ils doivent en-
» trer dans les éléments du droit proportionnel, à raison
» de 5 p. 100 de leur valeur de construction, augmentée
» de la valeur du sol. »

Les évaluations faites d'après ces bases vous condamnent. Les additions et les modifications qu'on propose d'y faire ne pouvant sérieusement être acceptées, vous voulez fixer d'emblée une valeur locative par mètre carré, sans expliquer sur quelles bases reposent vos appréciations. Mais déjà vous avez essayé ce système, qui ne vous a pas réussi.

En effet, la valeur locative du bâtiment des voyageurs, que l'expert de l'Administration, trompé par une de ses nombreuses erreurs de calcul, prétendait être de 8 fr. 30 c. par mètre carré, lorsqu'on la calculait à raison de 5 p. 100 est en réalité de 14 fr. 21 c. Or, cette valeur locative, évaluée par voie d'appréciation par cet expert, ne s'élevait qu'à 12 fr. 13 c., et il se contentait d'une valeur locative moyenne de 11 fr. 53 c., en faisant une surélévation de 10 fr. 50 c. p. 100, à cause de l'augmentation du prix

des matériaux, et en calculant la valeur locative à raison
de 6 p. 100.

Maintenant, si on ajoute à la valeur des bâtiments celle
du sol, on voit que les évaluations des experts, calculées
à raison de 5 p. 100, donnent une valeur locative de 14 fr.
82 c. par mètre carré. Celles d'après lesquelles l'impôt
est établi s'élèvent à 14 fr. 93 c. Ces chiffres ne présentent
qu'une différence insignifiante de 11 c., revenant à près
de 8 sur 1000, tandis que, si on calculait comme le veut
l'expert de l'Administration, on arriverait au chiffre de
20 fr. 18 c., ce qui fait une augmentation de 36 p. 100.
On arriverait même à une valeur locative moyenne de
21 fr. 52 c., si, d'après son ingénieuse combinaison, on
comptait deux fois au lieu d'une la surface du sol, et
alors l'augmentation serait de 45 p. 100.

On ne peut certes pas dire que l'évaluation de 14 fr. 82 c.
par mètre carré, donnée par le travail de l'expertise tel
qu'il avait été primitivement exécuté, soit trop faible.

Quel est, d'ailleurs, le bâtiment de Paris dont la destination serait la même que celle du bâtiment des voyageurs, et dont le loyer serait notoirement connu, qu'on
pourrait prendre pour base d'une estimation faite par
voie de comparaison ?

Les remises de locomotives et de wagons ont, d'après
le travail primitif des experts, une valeur locative
moyenne de 3 fr. 51 c. par mètre carré. Quel est le bâtiment
ayant quelque analogie, quant à l'emplacement, à la
construction et à la destination, avec ces remises de locomotives et de wagons, dont la valeur locative est notoirement connue, et qu'on pourrait citer pour preuve que la
valeur locative de 3 fr. 51 c. est trop faible ?

Ces bâtiments sont aujourd'hui imposés sur une valeur

locative de 4 fr. La différence est de 49 c., revenant à 12
p. 100. Avec les additions et les modifications faites par
l'expert de l'Administration, la moyenne s'élève à 5 f. 18 c.,
ce qui fait une augmentation de 42 p. 100. Elle s'élève
même à 6 fr. 52 c. si, d'après son ingénieuse combinaison,
on fait entrer deux fois la surface du sol dans l'estimation
de la valeur locative, et alors l'augmentation est de 75
p. 100.

Les rotondes ont, d'après le travail primitif des experts, une valeur locative moyenne de 4 fr. 93 c. par mètre carré. Quel est le bâtiment ayant quelque analogie,
quant à l'emplacement, la construction et la destination,
avec les rotondes, dont la valeur locative est notoirement
connue, et qu'on peut citer pour prouver que cette valeur locative de 4 fr. 93 c. par mètre carré est trop faible?

Les rotondes sont aujourd'hui imposées sur une valeur
locative de 5 fr. Ce chiffre ne présente qu'une différence insignifiante de 7 c., revenant à 14 sur mille. Avec
les additions et les modifications faites par l'expert de
l'Administration, la moyenne s'élève à 7 fr. 30 c., ce qui
fait une augmentation de 46 p. 100. Elle s'élève même
à 8 fr. 64 c. par mètre carré, si, d'après son ingénieuse
combinaison, on fait entrer deux fois la valeur du sol
dans l'estimation de la valeur locative, et alors l'augmentation est de 73 p. 100.

Les ateliers de réparation ont, d'après le travail primitif des experts, une valeur locative de 3 fr. 71 c. par mètre carré. Peut-être existe-t-il des bâtiments analogues
loués à Paris. La Compagnie est toute disposée à établir
la valeur locative de ces ateliers par comparaison avec
celle des bâtiments analogues qu'on lui désignera, en tenant compte de la différence de valeur de l'emplacement

ou du sol. Jusqu'alors, elle est autorisée à dire que le prix de 3 fr. 71 c. n'est pas trop faible. L'impôt est aujourd'hui établi sur une valeur locative de 5 fr. par mètre carré. Avec les additions et les modifications faites par l'expert de l'Administration, la moyenne s'élève à 5 fr. 45 c., ce qui fait une augmentation de 9 p. 100. Elle s'élève même à 6 fr. 79 c. si, d'après son ingénieuse combinaison, on fait entrer deux fois la valeur du sol dans l'estimation de la valeur locative, et alors l'augmentation est de 36 p. 100.

Les halles de chargement et de déchargement ont, d'après le travail primitif des experts, une valeur locative par mètre carré de 3 fr. 19 c. pour la gare de Paris, et de 2 fr. 64 c. pour l'arrière-gare de Bercy. Quels sont les bâtiments de Paris, ayant de l'analogie, quant à l'emplacement, la construction et la destination, avec ces halles, dont la valeur locative est notoirement connue, et qu'on peut citer pour preuve que ces valeurs locatives de 3 fr. 19 c. et de 2 fr. 64 c. sont trop faibles ? L'impôt est aujourd'hui établi sur une valeur locative de 4 fr. par mètre carré pour la gare de Paris, et de 3 fr. pour l'arrière-gare de Bercy. Avec les additions et les modifications faites par l'expert de l'Administration, la moyenne s'élève pour la gare de Paris à 4 fr. 75 c., augmentation 19 p. 100, et à 3 fr. 67 c. pour l'arrière-gare de Bercy, augmentation 22 p. 100. Elle s'élève même à une moyenne de 6 fr. 09 c. pour la gare de Paris, augmentation 52 p. 100, et de 4 fr. 23 c. pour la gare de Bercy, augmentation 41 p. 100, si, d'après l'ingénieuse combinaison de l'expert de l'Administration, on fait entrer deux fois la valeur du sol dans l'estimation de la valeur locative.

On citera peut-être, comme terme de comparaison, les

hangars ou cases à charbon que la Compagnie loue dans l'intérieur de la gare. Mais il n'y a pas de comparaison possible, car, si l'emplacement est le même, la construction, et surtout la destination, sont tout à fait différentes.

Les halles de chargement et de déchargement de la Compagnie sont destinées à recevoir les marchandises et autres objets qu'on lui confie pour être transportés au dehors, ainsi que ceux qui arrivent et qui sont aussitôt distribués par le camionage. Ces marchandises et ces objets ne font que traverser les halles. Ils y restent le moins longtemps possible.

Les hangars et cases à charbon, au contraire, sont destinés à emmagasiner les charbons, qui y restent jusqu'à ce que le marchand en ait opéré la vente, ou jusqu'à ce qu'il les ait fait transporter dans sa boutique ou dans ses magasins pour satisfaire aux besoins de son commerce de détail, ou pour faire place à de nouveaux arrivages. C'est là un véritable marché aux charbons, où les acheteurs, les petits marchands en détail, peuvent venir s'approvisionner. Ces cases ou hangars de la gare lui offrent un autre avantage : il peut y conserver ses charbons, sans avoir à payer le droit d'octroi de 60 centimes par hectolitre, décimes compris. S'il vend, pris dans ce hangar, il n'a plus d'avance à faire à ce sujet. C'est l'acheteur qui paie les droits en enlevant la marchandise. On comprend facilement que ces avantages doivent faire rehausser le prix du loyer.

Trouve-t-on quelque chose qui ressemble, même de loin, à cette destination, dans nos halles de chargement et de déchargement ? Certainement non. La différence est radicale, complète. Comment donc pourrait-on se servir du prix de location des hangars ou cases à charbons pour déterminer la valeur locative des halles de chargement et de déchargement?

Le prix de location des hangars ou cases à charbons pourrait, sous certains rapports, être comparé avec la valeur locative de la grande halle aux vins de Bercy. Voyons donc si de cette comparaison il résulte que les évaluations primitives de l'expertise sont trop faibles.

La valeur locative de la grande halle aux vins fut fixée à 52,699 fr. La surface occupée par la halle est de 5,640 mètres au niveau de la rue de Bercy, et autant au niveau de la voie : total, 11,280 mètres. De cette quantité il faut retrancher au moins un quart pour les couloirs et autres parties destinées aux chargements et aux déchargements, ainsi qu'au service de la halle. Reste 8460 mètres pour la partie qui peut faire effectivement l'objet d'une location. Or, la valeur locative de cette halle est, d'après le travail primitif des experts, de 52,699 fr., ce qui donne par chaque mètre carré susceptible d'être loué, une somme de 6 fr. 23 c. Le prix moyen du loyer des cases à charbon est de 6 fr. par mètre carré. Ainsi l'exactitude de l'évaluation primitive de la halle aux vins est confirmée.

L'impôt est aujourd'hui établi, par suite de l'erreur qui a été reconnue, sur une valeur locative de 8 fr. 51 c. par mètre carré de la surface susceptible d'être louée. Avec les additions et les modifications faites par l'expert de l'Administration, la moyenne s'élève à 9 fr. 39 c., ce qui fait une augmentation de 51 p. 100 sur l'évaluation primitive, dont l'exactitude est confirmée par la comparaison avec le prix de location des cases à charbon. Elle s'élève à une moyenne de 9 fr. 76 c., si, d'après l'ingénieuse combinaison de l'expert de l'Administration, on fait entrer deux fois la valeur du sol dans l'estimation de la valeur locative. Alors l'augmentation serait de 57 p. 100.

Cette dernière comparaison, dont l'exactitude des résultats est confirmée par le prix de location des cases à charbon, démontre amplement combien les évaluations de l'expert de l'Administration sont exagérées, par suite des additions et des modifications qu'il a faites au travail primitif. Ces exagérations seraient encore beaucoup plus grandes si j'avais fait entrer dans ses évaluations la valeur locative qu'il a attribuée aux pavages, aux murs de soutènement des terres, aux conduites souterraines des eaux, aux aqueducs et égouts pour l'assainissement de la gare, à la canalisation du gaz et aux appareils d'éclairage, aux rails et aux plaques tournantes, etc., qui sont tout à fait indépendants des bâtiments, et ne doivent pas entrer dans l'estimation de la valeur locative.

Ces exagérations, ces erreurs de l'expert de l'Administration viennent de ce qu'il n'a voulu baser ses évaluations ni sur les dispositions des lois relatives à la contribution des patentes et aux chemins de fer, ni sur les arrêts du conseil d'État, ni sur les instructions de l'Administration, ni sur les engagements réciproques pris par l'État et la Compagnie, dans le cahier des charges. Il n'a suivi qu'un seul guide, son simple raisonnement, et il a repoussé toutes les autorités officielles.

L'article 38 du cahier des charges impose à la Compagnie les obligations suivantes, en ce qui concerne les contributions.

La contribution foncière sera établie en raison de la surface des terrains occupés par le chemin de fer et par ses dépendances. *La cote en sera calculée, comme pour les canaux, conformément à la loi du 23 avril 1803.*

Voilà ce qui concerne les terrains. Ils ne peuvent être assujettis qu'à la contribution foncière et non à la contribution des patentes, ainsi que l'a d'ailleurs reconnu le conseil d'État dans son arrêt relatif à la gare du Champ-de-Mars, à Nîmes.

L'article ajoute, en ce qui concerne les autres contributions, parmi lesquelles figure nécessairement celle des patentes.

Les bâtiments et magasins dépendant de l'exploitation du chemin de fer seront assimilés aux propriétés bâties dans la localité, et la Compagnie devra également en payer toutes les contributions auxquelles ils pourront être soumis.

Ainsi, d'après les conditions du cahier des charges la Compagnie ne doit payer, en sus de la contribution foncière des terrains, que la contribution assise ou à asseoir sur les bâtiments et magasins dépendant de l'exploitation.

Les terrains placés à l'entour des bâtiments, qui d'ailleurs ne sauraient, dans aucun cas, entrer dans l'estimation de la valeur locative de ces bâtiments, ainsi que le prouve amplement ce qui a lieu pour la location des cases des hangars à charbons, le pavage de ces terrains, les rails et les plaques tournantes conduisant aux remises et aux ateliers, les murs de soutenement des terrains qui ne font pas partie des bâtiments, les conduites souterraines des eaux, les aqueducs et égouts, la canalisation de gaz placés sous les terrains de la gare et en dehors des bâtiments ne doivent pas être imposés à la contribution des patentes.

C'est d'ailleurs ce qui a été décidé par le conseil d'État dans l'affaire relative à la gare de Nîmes.

« Considérant, dit l'arrêt du 23 juin 1849, que le conseil de préfecture du Gard a compris dans cette estimation la valeur des plaques tournantes et des voies de gare, ainsi que celle des murs de clôture et de la surface de la gare dite du Champ-de-Mars, à Nîmes ; que ces objets constituent des dépendances de la voie publique et ne peuvent entrer dans le calcul du droit proportionnel de la patente de ladite Compagnie. »

Le cahier des charges condamne aussi cette nécessité à laquelle se trouve réduit l'expert de l'Administration, pour justifier l'imposition des rails et plaques tournantes conduisant aux remises et aux ateliers de réparation, de supposer que la Compagnie exerce deux industries : l'une, privilégiée pour les transports, et l'autre, en dehors de ce privilége, et qui comprend le remisage et les réparations du matériel roulant.

Voici ce qu'on lit dans l'article 32 du cahier des charges annexé à la loi du 16 juillet 1845, portant concession du chemin de fer de Paris à Lyon.

« Elle (la Compagnie) devra également, dans le même
» délai, approvisionner tous les objets mobiliers néces-
» saires au service des stations et du chemin de fer, et
» spécialement l'*outillage des ateliers de réparation et*
» *des forges.* »

Les ateliers de réparation, les forges, etc., ne font donc pas une industrie distincte de celle des transports, comme il plaît à l'expert de l'Administration de le supposer.

Cette question des rails et des plaques tournantes aboutissant aux remises et aux ateliers de réparations, ou existants dans ces bâtiments, avait été d'ailleurs déjà tranchée par l'arrêt précité du conseil d'État relatif à la gare du Champ-de-Mars, à Nîmes, dans laquelle se trouvent des remises, un atelier de réparations, et 1261 mètres de rails tant extérieurs qu'intérieurs. Ces ateliers et ces remises étaient d'ailleurs compris dans la location faite par l'État à la Compagnie du chemin de fer de Montpellier à Nîmes; ils faisaient donc partie du privilége des transports concédé à cette Compagnie et ne constituaient pas pour elle une industrie distincte.

Pour terminer tout ce qui est relatif aux ateliers, je rappellerai qu'aux termes du cahier des charges des chemins de fer placés sous le régime de la loi du 11 juin 1842, le Ministre des travaux publics, au nom de l'État, s'engageait à livrer à la Compagnie les terrains, les terrassements, les ouvrages d'art, les stations, *ateliers* et maisons de garde, dans les délais et sous les conditions fixés.

A l'égard des stations autres que celles qui sont indiquées dans le cahier des charges, dit la loi du 19 juillet 1845, le Ministre se réserve d'en déterminer le nombre, l'emplacement et la surface, après les enquêtes d'usage. Les projets de bâtiments, stations et *ateliers* ne sont arrêtés par le Ministre, que la Compagnie entendue.

Ainsi, le Ministre a même le droit de forcer la Compagnie à créer des ateliers autres que ceux qui sont indiqués dans le cahier des charges.

L'expert de l'Administration est donc complétement dans l'erreur quand il dit que ce qui se rattache aux ateliers constitue une industrie distincte de celle des transports.

Je pourrais citer plusieurs autres articles de loi; ceux-là suffiront sans doute.

10

L'Administration prenant en considération que les bâtiments servant à l'exploitation des chemins de fer sont en général d'une nature toute spéciale ; qu'ils ne sont pas généralement affermés, et ne peuvent guère être comparés à d'autres bâtiments affermés, a recommandé d'estimer partout, afin d'arriver autant que possible à des résultats uniformes, la valeur locative pour laquelle ils doivent entrer dans les éléments du droit proportionnel à raison de 5 p. 100 de leur valeur de construction, augmentée de la valeur du sol.

L'expert de l'Administration, après avoir reconnu qu'il n'y a pas d'autre moyen de fixer d'une manière équitable la force contributive des bâtiments du chemin de fer, s'est d'abord conformé à ces dispositions. Mais bientôt entraîné à modifier ses résolutions par l'erreur relative à la valeur locative moyenne du mètre carré du bâtiment des voyageurs, dont j'ai parlé, il a évalué le sol des bâtiments, non d'après ce qu'il a coûté, mais d'après ce qu'il aurait coûté en 1860.

Il a calculé la valeur locative à raison de 6 p. 100, au lieu de 5 p. 100, bien qu'il ait fourni lui-même, par ses calculs, la preuve que le taux de 5 p. 100, généralement admis pour exprimer le taux du placement en constructions faites avec soin, est plutôt trop élevé que trop faible, lorsqu'il s'agit des constructions du chemin de fer.

Enfin, il a augmenté la valeur locative, ainsi obtenue, de 10 50 p. 100 sur le motif que le prix des matériaux de construction a augmenté d'autant depuis 1852.

Il n'a pas su comprendre que les bâtiments, servant à l'exploitation des chemins de fer, étant des biens de main-morte, qui sont placés en dehors du mouvement des affaires, qui ne peuvent être ni vendus, ni loués, ne subissent pas l'influence de l'empressement qu'on met à acheter ou à louer une propriété ; ni celle de la concurrence qui fait augmenter les valeurs capitales et les valeurs locatives ; et que leur valeur locative, établie en vertu d'une espèce de fiction légale, ne peut plus subir de variation.

En rehaussant de 10 50 p. 100 les valeurs locatives, il a fait subir cette augmentation à des bâtiments construits en 1860, 1859, 1858, 1857, etc., tels que le hangar pour les marchandises au départ n° 37, la remise à locomotive n° 24, le hangar de la douane n° 34, la grande halle aux vins n° 49, etc., comme si ces bâtiments avaient été construits en 1852, tandis qu'étant construits postérieurement à cette époque, ils ne doivent, d'après son système, subir qu'une augmentation de 1, 2, 3, etc. p. 100.

Quant à tous ces objets, qu'il a laborieusement recherchés pour les faire entrer dans le calcul de la valeur locative, tels que les terrains qui entourent les bâtiments, les rails et les plaques tournantes conduisant aux remises et aux ateliers de réparations, ou existant dans ces bâtiments, les murs de soutenement des terres, les conduites souterraines d'eau, les aqueducs et égouts pour l'assainissement de la gare, les conduites de gaz, le pavage des terrains, ils ne sont pas imposables à la patente, ainsi qu'il résulte du cahier des charges de la Compagnie et de l'arrêt du conseil d'État relatif à la gare de Nimes. La seule base de l'impôt est la valeur locative des bâtiments, et cette valeur locative est proportionnée à la surface qu'ils présentent pour la destination à laquelle ils sont consacrés, et à leur plus ou moins bonne appropriation pour cette destination.

D'ailleurs, tous ces objets, fussent-ils imposables à la contribution des patentes, il ne serait plus possible de les faire entrer aujourd'hui dans la vérification de la taxe de 1861 sans violer l'article 13 de la loi du 4 juin 1858, car ils ne figurent pas dans les éléments sur lesquels l'impôt a été établi, ainsi qu'il résulte du relevé ci-joint des carnets des commissaires des contributions directes et du contrôleur, que je prie le conseil de préfecture de se faire remettre. Je me réserve au surplus de présenter des conclusions motivées à ce sujet lorsque le moment de juger la réclamation sera arrivé.

Cet article 13 porte :

« Sont imposables, au moyen de rôles supplémentaires, » les individus... qui, antérieurement à la même épo- » que (1er janvier) avaient apporté dans leur profession, » commerce ou industrie, des changements donnant lieu » à des augmentations de droits. »

Or, tous ces objets qu'a relevés l'expert de l'Administration, et qui d'ailleurs ne sont pas imposables, ne résultent pas de changements apportés dans l'établissement de la gare. Ils ont été créés avec la gare elle-même. Il n'y a donc ni changement, ni fait nouveau. Or, les comprendre aujourd'hui dans la vérification de la valeur locative imposable serait une manière indirecte de les imposer supplémentairement, et par conséquent une violation de l'article 13 de la loi du 4 juin 1858.

Vainement dira-t-on qu'il ne s'agit pas d'augmenter les impôts de la Compagnie, mais de compenser avec la contribution à laquelle on prétend qu'ils doivent être soumis, les réductions auxquelles la Compagnie peut avoir droit pour les deux erreurs relatives à l'embarcadère des voyageurs et à la halle au vin.

L'arrêt du Conseil d'Etat du 9 janvier 1861 relatif à l'affaire de MM. Nugues et Salles, d'Ecouché (Orne), repousse ces sortes de compensations.

« Considérant, dit-il, que si les sieurs Nugues et Salles exploitent dans la commune d'Ecouché 5 fours à chaux, 4 de ces fours seulement figurent, pour l'année 1859, sur la matrice cadastrale de ladite commune; que, dès lors, c'est à·tort que le Conseil de préfecture..... a compris dans cette évaluation le revenu du cinquième four. »

Il doit en être de même, et à plus forte raison, pour tous les objets qu'il a plu au contrôleur d'ajouter aux bâtiments servant à l'exploitation du chemin de fer; car, si le cinquième four d'Ecouché, qui avait été omis, est imposable, tous ces objets ne doivent pas entrer dans l'estimation de la valeur locative servant de base au droit proportionnel, ainsi que je l'ai déjà démontré.

En résumé, les évaluations de l'expert de l'Administration ne sont basées ni sur des dispositions de loi, ni sur des arrêts du Conseil d'Etat. Elles violent, au contraire, l'article 13 de la loi du 4 juin 1858, les lois sur les chemins de fer, et les dispositions du cahier des charges de la Compagnie relatives aux contributions;

La jurisprudence établie par les arrêts du Conseil d'Etat des 23 juin 1849 et 9 janvier 1861;

L'article 45 de l'instruction du Directeur général des contributions directes du 31 juillet 1853;

Elles contiennent de nombreuses erreurs, notamment, en ce qui concerne le rehaussement qu'il a fait subir à la valeur locative de plusieurs bâtiments, en se fondant sur l'augmentation du prix des matériaux de construction depuis 1852, comme si ces bâtiments avaient été construits à cette époque, tandis qu'ils ont été construits pos-térieurement.

Enfin, il a fourni lui-même la preuve que les augmen-tations qu'il veut faire subir aux valeurs locatives, tant pour ce motif qu'à cause de l'élévation du taux auquel on placerait, selon lui, en constructions de bâtiments présentant la même solidité que ceux de la gare, sont tout à fait dénuées de fondement.

Ces augmentations, par suite desquelles serait rehaussé de plus d'un tiers le droit proportionnel des taxes de patente, ne pourraient d'ailleurs pas être appliquées à la Compagnie des chemins de fer de Paris à Lyon et à la Méditerranée seulement. Elles devraient être aussi appli-quées, en vertu de l'égalité proportionnelle, ce principe fondamental en matière d'impôt, à toutes les autres gares des chemins de fer de Paris, et à tous les patentables qui exercent leur profession dans des locaux leur apparte-nant; et une augmentation si considérable, qui peut avoir pour résultat de troubler l'ordre et la tranquillité dans la capitale, ne peut être ainsi enlevée par surprise, et sans que le Préfet de la Seine, les Ministres des finances et de l'intérieur en aient pesé toute la portée.

Par tous ces motifs, je pense que le travail de l'expert de l'Administration ne doit inspirer aucune confiance, tant qu'on n'en aura pas fait disparaître toutes les exa-gérations qui résultent de la mise en oubli des disposi-tions de la loi, des conditions du cahier des charges de la Compagnie, de la jurisprudence du Conseil d'Etat, et des instructions du directeur général des contributions di-rectes.

Le travail de l'expert de la Compagnie, ayant le même point de départ que celui de l'expert de l'Administra-

tion, le prix d'acquisition du sol et la valeur des constructions est basé, au contraire, sur toutes ces autorités officielles ; maintenant les bases primitivement adoptées en
commun, il n'a pas inscrit dans ses évaluatioms un seul
chiffre sans consulter les dispositions de la loi, les conditions du cahier des charges et la jurisprudence du Conseil d'Etat.

Je pense, en conséquence, que le résultat de ses vérifications, établi avec le plus grand soin et la plus grande
exactitude, doit être adopté de préférence.

CONTRIBUTION FONCIÈRE

1er QUESTION.— Comment le sol de la gare de Paris, non couvert de constructions, doit-il être imposé à la contribution foncière?

Solution commune aux deux experts.

Ce sol est déjà imposé à la contribution foncière sur un revenu net imposable de 9,975 fr., y compris le sol couvert de constructions.

D'après les lois sur la contribution foncière, la partie du sol non couverte de constructions doit continuer à être imposée sur le même revenu jusqu'à la confection d'un nouveau cadastre.

2e QUESTION.— Comment le sol des bâtiments de la gare doit-il être imposé à la contribution foncière?

Solution commune aux deux experts.

On est dans l'usage, à Paris, d'établir le revenu net imposable des bâtiments cumulativement avec celui du sol sur lequel ils reposent. Mais le sol de la gare, et par conséquent celui des bâtiments qui en font partie, se trouve sur d'anciens jardins maraîchers qui étaient imposés à la contribution foncière d'après leur produit net. Aux termes de la loi, la contribution foncière assise sur ces terrains ne peut plus être modifiée jusqu'à la confection d'un nouveau cadastre.

Le sol de la gâre est imposé sur un revenu net de 9,975 fr., sa superficie est de 230,440 mètres carrés, sur lesquels les bâtiments occupent une contenance de 45,443 m. 25 c. Le revenu net imposable du mètre revient à 0 fr. 0433 mil. Il en résulte que les 48,470 mètres de constructions se trouvent déjà imposés sur un revenu de 2,098 fr. 75 c., qui ne doit pas éprouver de variation. Cette somme devra être distraite du revenu net imposable qui sera assigné aux bâtiments, augmenté de la valeur des terrains, puisqu'elle figure déjà à la matrice et qu'elle doit y être maintenue.

3ᵉ QUESTION. — Comment les chantiers doivent-ils être imposés à la contribution foncière?

Solution de M. Allard, expert de la Compagnie.

La loi du 3 frimaire an vii et les lois postérieures sur la contribution foncière, ne reconnaissent, quant à l'assiette de l'impôt, que deux sortes de propriétés : les propriétés non bâties et les propriétés bâties.

Le revenu net imposable des propriétés non bâties doit rester invariable jusqu'à la confection d'un nouveau cadastre. Le revenu net imposable des propriétés bâties est essentiellement modifiable. Il doit être supprimé, si la propriété bâtie est détruite; augmenté, si elle est agrandie. Si une nouvelle propriété bâtie est construite, son revenu doit être ajouté à la matrice.

Dans quelle catégorie sont les chantiers non couverts? Dans celle des propriétés bâties ou des propriétés non bâties? Ce sont évidemment des propriétés non bâties? Donc, le revenu net imposable pour lequel le sol de ces chantiers figure dans la matrice cadastrale ne peut pas être modifié jusqu'à la confection d'un nouveau cadastre, et il n'y a pas lieu d'établir aujourd'hui le revenu net imposable des chantiers qui auraient été créés postérieurement au cadastre, puisque ce ne sont pas des propriétés bâties.

Il est bon de faire observer à ce sujet que, pour les prés employés au blanchissage des toiles, on avait voulu faire entrer le produit des blanchisseries dans l'évaluation du revenu net imposable. Mais l'article 389 du Recueil méthodique des lois, décrets, règlements sur le cadastre, porte que le produit des blanchisseries est purement industriel et qu'il ne doit pas entrer dans l'évaluation du revenu net des prés employés au blanchissage des toiles, qui ne doivent être évalués que d'après leur revenu naturel comme prés.

L'arrêt du Conseil d'Etat du 24 mars 1831 n'est nullement applicable à l'espèce. Il s'agissait alors de déterminer comment devait être faite l'évaluation des chantiers lors de la confection du cadastre : ici, il s'agirait de modifier l'évaluation cadastrale d'une propriété non bâie sur laquelle il n'a pas été fait de constructions. Or, d'après la loi du 15 septembre 1807, elle doit conserver la fixité de son allivrement jusqu'à la confection d'un nouveau cadastre.

D'ailleurs, ces chantiers ne sont pas compris dans la matrice cadastrale, et, d'après l'arrêt du Conseil d'Etat en date du 9 janvier 1861, n° 31,602, dans l'affaire Nugues et Salles, d'Ecouché (Orne), on ne doit pas faire entrer dans l'évaluation du revenu net imposable sur lequel est établie la cote soumise à la vérification des experts ces chantiers, qui ne sont pas portés dans la matrice cadastrale.

4e QUESTION. — Comment doit être évalué le revenu net imposable de la partie de la gare couverte de rails?

Solution de M. Allard, expert de la Compagnie.

Ces rails sont des dépendances de la voie publique, qui est la propriété du gouvernement, et, à ce titre, ils ne sont pas imposables. D'ailleurs, le revenu net imposable de la partie du sol de la gare non couverte de constructions, ne doit subir aucune modification jusqu'à la confection d'un nouveau cadastre, d'après la loi sur la contribution foncière.

Au surplus, l'évaluation du sol avec les rails qui le couvrent, n'est pas comprise dans la matrice cadastrale, et, d'après l'arrêt du Conseil d'Etat en date du 9 janvier 1861, n° 31,602, dans l'affaire Nugues et Salles, d'Ecouché (Orne), on ne doit pas faire entrer dans l'évaluation du revenu net imposable sur lequel est établie la cote soumise à la vérification des experts ces terrains, avec les rails qui les couvrent, qui ne sont pas portés dans la matrice cadastrale.

5ᵉ QUESTION. — Les rails et les plaques tournantes existant dans les bâtiments doivent-ils entrer dans l'estimation du revenu net imposable de cés bâtiments?

Solution de M. Allard, expert de la Compagnie.

Ces rails et ces plaques tournantes sont des dépendances de la voie publique qui traverse ces bâtiments, et, comme voie publique, dont l'exploitation a été concédée par l'Etat aux Compagnies de chemin de fer, ils ne doivent pas entrer, aux termes de l'article 103 de la loi du 3 frimaire an VII, dans l'estimation du revenu net imposable.

Il ne faut pas perdre de vue que la loi du 15 mars 1845 porte que les chemins de fer, construits ou concédés par l'Etat, font partie de la grande voirie.

D'ailleurs, l'évaluation de ces rails et plaques tournantes n'est pas comprise dans la matrice cadastrale, et, d'après l'arrêt du Conseil d'Etat en date du 9 janvier 1861, n° 31,602, dans l'affaire Nugues et Salles, d'Ecouché (Orne), on ne doit pas faire entrer dans l'évaluation du revenu net imposable sur lequel est établie la cote soumise à la vérification des expert, ces rails et ces plaques tournantes, qui ne sont pas portés dans la matrice cadastrale.

6ᵉ QUESTION. — L'outillage doit-il entrer dans l'estimation du revenu net imposable?

Solution de M. Allard, expert de la Compagnie.

D'après le cahier des charges, les bâtiments et magasins dépendant de l'exploitation des chemins de fer doivent être assimilés aux propriétés de la commune en ce qui concerne l'établissement des contributions.

Par conséquent, les moteurs et les machines scellées à chaux, à plâtre ou à ciment, et à perpétuelle demeure dans les murs, sont imposables à la contribution foncière. Il est sans doute à regretter qu'il n'y ait pas de texte de loi bien explicite à cet égard. Les arrêts du conseil d'État donnent le plus souvent le résultat de l'examen des pourvois, mais ils ne peuvent entrer dans le détail des éléments d'après lesquels est réglée la contribution des réclamants, de sorte qu'on ignore quels sont les outils ou machines dont l'impôt est maintenu, et ceux pour lesquels le dégrèvement est accordé. Ces détails restent dans le dossier.

C'est ce qui vient d'arriver pour un arrêt récent, en date du 12 décembre 1861, relatif à la sucrerie de Beaurevoir. Le propriétaire de cet établissement se plaignait de ce qu'on avait compris dans le calcul du revenu net imposable tout le matériel industriel. Sa réclamation a été sans doute reconnue fondée, puisque le conseil d'État, sur l'avis conforme du Ministre des finances, a réduit le revenu net imposable de 1220 fr. à 760 fr.

Cette réduction de 460 fr. de revenu net imposable s'applique probablement à l'outillage non scellé à chaux, à plâtre, ou à ciment, qu'on avait à tort soumis à l'impôt.

Dans les notes dont cet arrêt est accompagné, on voit que le contrôleur avait compris dans les estimations dont le total forme le revenu qui fait l'objet du pourvoi :

1° Des objets qui sont évalués dans toutes les sucreries, savoir : les machines à vapeur, les générateurs, les presses, les transmissions de mouvement et le gazomètre.

2° Des objets qui ne sont évalués que dans quelques sucreries, mais que le Conseil d'État a expressément déclarés imposables, savoir : les chaudières et les turbines.

3° Des objets qui ne sont évalués que dans quelques sucreries, mais dont la plupart, quoique non dénommés dans les arrêts précités du Conseil d'Etat, paraissant devoir rentrer dans la catégorie des objets que les arrêts ont considéré comme faisant partie intégrante des usines, savoir : les rapes, les monte-jus, les lavoirs, les pompes, les filtres, les presses aux écumes, les bascules et le tuyautage.

Il faut qu'une partie de ces objets, que le contrôleur regardait comme imposables, n'ait pas été considérée comme telle par le Conseil d'Etat, puisqu'il a réduit à 760 fr. le revenu net imposable que le contrôleur prétendait devoir être de 1220 fr.

Quels sont ces objets d'un revenu net imposable de 460 fr. que le contrôleur avait indûment imposés et qu'il soutenait être imposables? Quelle place occupent-ils dans l'établissement? Sont-ils tout à fait mobiles? Sont-ils plus ou moins solidement fixés dans les murs? l'arrêt ne le dit pas.

Il faut donc s'en tenir à l'interprétation généralement admise qui considère comme faisant partie de l'immeuble, et par conséquent, imposables à la contribution foncière, les machines, appareils et outils qui y sont fixés à perpétuelle demeure, à chaux, à plâtre ou à ciment, et qu'on ne pourrait enlever sans dégrader les murs. Tous les autres sont mobiles ou facilement transportables, d'une partie dans une autre de l'atelier, ou même au dehors, sans que leur déplacement occasionne aucune dégradation aux murs. Ceux-là ne font pas partie de l'immeuble et ne sont pas imposables à la contribution foncière.

Quelques machines d'un très-gros volume, d'un poids très-lourd, sont fixées dans le sol par leur propre poids ou au moyen d'un pivot qui est enfoncé dans un massif en pierre de taille, mais sans maçonnerie aucune. Les coups répétés de ces machines auraient détruit en quelques moments la maçonnerie, si on avait essayé d'employer ce moyen pour les fixer au sol. Tels sont les marteaux-pilons, qu'on peut soulever au moyen d'un levier, en faisant sortir le pivot qui en termine la partie inférieure du trou dans lequel il est placé. Ces marteaux-pilons, qui ne sont pas scellés à chaux, à plâtre, ou à ciment, aux murs ni au sol, ne font pas partie de l'immeuble et ne sont pas imposables à la contribution foncière. Les machines-outils sont en général dans le même cas.

Je n'ai considéré comme imposables à la contribution foncière que les machines à vapeur comme moteurs, et les machines et appareils scellés à perpétuelle demeure, à chaux, à plâtre ou à ciment.

Mais je dois faire observer qu'à part les deux machines à vapeur de l'atelier de carrosserie et de l'atelier des forges, aucune autre partie de l'outillage immobile n'est en ce moment imposée à la contribution foncière. C'est un fait qui résulte de l'avis du contrôleur sur les demandes en réduction de la contribution foncière, des détails de la matrice cadastrale pour l'ancienne commune de Bercy, et pour Paris, de la comparaison entre la valeur locative

servant de base au droit proportionnel de la taxe de patente portée à 359,600 fr., et le revenu net imposable
servant de base à la contribution foncière, porté à
198,300 fr. En faisant sur le premier nombre, après réduction du revenu net imposable des terrains non bâtis,
la déduction du quart, en considération du dépérissement
et des frais d'entretien et des réparations, et en appliquant au reste la proportion d'atténuation des évaluations
cadastrales à Paris, on arrive au second nombre.

Or, d'après l'arrêt du Conseil d'Etat, en date du 9 janvier 1861, n° 31,602, sur le pourvoi de MM. Nugues et
Salles, propriétaires de fours à chaux, à Écouché (Orne),
contre une décision du conseil de préfecture, qui avait
compris dans l'établissement rectifié de leur cote foncière cinq fours à chaux existant réellement, tandis
qu'il n'y en avait que quatre portés dans la matrice cadastrale, et qui a décidé que ces quatre fours seulement
devaient être compris dans le calcul de cette cote, à l'exclusion du cinquième, qui n'était pas imposé, on ne doit
pas faire entrer dans l'évaluation du revenu net imposable, sur lequel est établie la cote soumise à la vérification
des experts, la partie de l'outillage immobilisé qui n'est
pas portée dans les matrices cadastrales.

7ᵉ QUESTION. — Quelle déduction doit-on faire sur la
valeur locative ou le revenu brut, en considération du
dépérissement et des frais d'entretien et de réparations?

Solution de M. Allard, expert de la Compagnie.

La loi du 3 frimaire an VII, ne soumet à l'impôt que le
revenu net des propriétés bâties. Elle fait une déduction,

dont elle fixe la quotité, sur la valeur locative ou le revenu brut, en considération du dépérissement et des frais d'entretien et de réparations.

Lorsque cette loi fut faite, il y a 60 ans, les chemins de fer, ni rien d'analogue, n'existaient, et elle n'établit que deux catégories de propriétés pour régler la quotité de cette déduction: les maisons d'habitation pour lesquelles la déduction est d'un quart, et les manufactures, usines et autres établissements industriels pour lesquels la déduction est du tiers.

Dans quelle catégorie doit-on classer les chemins de fer? Dans celle des maisons d'habitation, ou dans celle des établissements industriels?

Il faut nécessairement se déterminer d'après l'importance des frais d'entretien et de réparations, et d'après la rapidité plus ou moins grande du dépérissement.

Or, les bâtiments des chemins de fer, qui sont fréquentés tous les jours par un grand nombre de personnes, lesquelles ne songent guère à les conserver en bon état, comme le feraient un propriétaire et un locataire de maisons, qui ont une partie relativement plus grande de leurs murs et de leur toiture, couverte de vitrages, qui sont exposés à l'action de la fumée et de la vapeur des locomotives, qui sont ébranlés par les fréquents passages de trains de voyageurs et de marchandises d'un poids très-considérable, exigent infiniment plus de soins et de dépenses pour les réparations et l'entretien que des maisons d'habitation. Ils dépérissent plus vite et ont moins de chances de durée que celles-ci. Plusieurs de ces bâtiments, d'ailleurs, tels que les ateliers de réparations, les rotondes, les locaux dans lesquels on nettoie, on répare et on remise le matériel des chemins de fer,

wagons, locomotives, etc., ainsi que les halles de chargement et de déchargement, traversées fréquemment par
les wagons et les locomotives, ont beaucoup plus d'analogie avec les établissements industriels qu'avec les maisons d'habitation. Je pense que c'est la déduction du tiers
qui doit être faite sur le revenu brut de tous ces bâtiments pour avoir le revenu net.

Le législateur semble avoir lui-même manifesté d'une
manière indirecte ses intentions à ce sujet, puisqu'il a
assimilé les bâtiments des chemins de fer aux usines et
aux établissements industriels, en fixant le droit proportionnel de leur taxe de patente au quarantième de la valeur locative. Ne peut-on pas en conclure que, lorsqu'il
s'agit de la contribution foncière, leur revenu brut doit
subir la déduction du tiers, comme celui des usines et
des établissements industriels?

La déduction du quart serait faite sur le revenu brut
des maisons d'habitation, des bureaux, du magasin central, des corps de garde et des bureaux de la douane, de
l'octroi, en un mot, de tous les bâtiments qui ne sont
pas traversés par les locomotives et les wagons.

Quant au bâtiment des voyageurs, qui contient des
parties plus exposées aux dégradations, telles que les
salles de pas perdus, salles d'attente, salles de bagages
et les portions en contact avec la voie ferrée, et d'autres
moins exposées, telles que le buffet, les bureaux d'employés, etc., un tiers de la valeur locative subirait la déduction du quart, le surplus subirait la déduction du
tiers.

C'est d'après ces bases qu'a été calculée la déduction
que j'ai portée sur le tableau général servant à établir le
revenu net imposable des bâtiments de la gare.

RAPPORT *de* M. ALLARD, *expert de la Compagnie des chemins de fer de Paris à Lyon et à la Méditerranée, sur la vérification du revenu net imposable pour lequel la gare de Paris et l'arrière-gare de Bercy sont compris dans le rôle de* 1861 *de la ville de Paris.*

Les bases de la cotisation des chemins de fer à la contribution foncière ont été réglées par l'article 38 du cahier des charges, annexé à la loi portant concession de ces chemins.

Cet article est ainsi conçu :

« La contribution foncière sera établie en raison de la
» surface des terrains occupés par le chemin de fer et
» par ses dépendances. La cote en sera calculée comme
» pour les canaux, conformément à la loi du 23 avril
» 1803.

» Les bâtiments et magasins dépendant de l'exploita-
» tion des chemins de fer seront assimilés aux proprié-
» tés bâties dans la localité, et la Compagnie devra éga-
» lement payer toutes les contributions auxquelles ils
» pourront être soumis. »

Le contrôleur et les membres de la Commission des contributions directes se sont en général conformés à ces dispositions. Ils ont pris les valeurs locatives, qui ont servi pour l'établissement de la taxe de patente; ils ont fait la déduction du quart comme s'il s'agissait de maisons d'habitation; puis ils ont appliqué la proportion d'atténuation des évaluations cadastrales, tant pour les bâtiments de la gare de Paris que pour ceux de l'arrière-gare situés sur l'ancien territoire de Bercy et ils en ont conclu le revenu net imposable.

Comme le prescrivent les lois sur la contribution foncière, ils ont eu soin de ne rien changer aux bases de l'impôt pour les parties de la gare non couvertes de bâtiments.

Les deux grosses erreurs que j'ai signalées en ce qui concerne la fixation de la valeur locative pour la patente, se trouvent ainsi transportées dans la fixation de revenu net imposable pour la contribution foncière.

Le revenu qui devait être établi pour l'embarcadère des voyageurs sur une valeur locative de 23,750 fr., l'a été sur une valeur locative de 94,600 fr.

Et celui de la halle au vin qui devait être établi sur une valeur locative de 52,699 fr., l'a été sur une valeur locative de 72,000 fr.

A ces deux erreurs est venue s'en joindre une troisième.

La loi sur la contribution foncière prescrit de faire une déduction sur les valeurs locatives en considération du dépérissement, des réparations et de l'entretien. Cette déduction est d'un quart pour les maisons d'habitation, et d'un tiers pour les établissements industriels, qui sont exposés à un dépérissement plus rapide, et qui exigent des réparations plus fréquentes et un entretien plus coûteux que les maisons d'habitation.

A l'époque où cette loi fut faite, il y a plus de soixante ans, on ne prévoyait guère la création de chemins de fer, et on ne put tracer aucune règle spéciale à l'égard de leurs bâtiments.

Mais on voit facilement, en étudiant l'esprit de la loi, quelle est la catégorie dans laquelle ils doivent être placés.

Puisque c'est la rapidité du dépérissement, l'élévation des dépenses pour réparations et entretien qui ont fait appliquer aux bâtiments des établissements industriels une déduction plus élevée qu'aux maisons d'habitation, il est évident que là où ces diverses circonstances se présenteront, il faudra aussi appliquer la déduction du tiers.

Or, si parmi les bâtiments des chemins de fer, il en existe qui ont beaucoup d'analogie avec les maisons d'habitation, tels que les logements des chefs de gare et autres employés, les bureaux, le magasin central, les corps de garde d'octroi et de douanes, les écuries, il en est d'autres qui, mis souvent en contact avec les locomotives en feu et les wagons, ébranlés fréquemment par le passage de trains lourdement chargés, sont exposés à de plus fréquentes et de plus nombreuses avaries, ainsi que je l'ai développé dans ma réponse à la question n° 7, posée à ce sujet. Je crois que l'on doit appliquer la déduction d'un tiers à tous les bâtiments qui sont dans cette catégorie.

Ainsi le veut l'esprit de la loi du 3 frimaire an VII. Faute de l'avoir étudiée et de s'être bien pénétré de cet esprit de bienveillance et de conciliation tant recommandé par l'Administration, de se prononcer, dans le doute, en faveur des contribuables, on n'a fait, pour l'établissement de la contribution des bâtiments des chemins de fer, que la déduction du quart. Aujourd'hui, M. l'Inspecteur admet le tiers, mais pour une partie des ateliers de réparation seulement. Je crois qu'on doit l'appliquer aussi à une partie de la grande gare des voyageurs, aux remises de locomotives et de wagons, aux halles de chargement et de déchargement, en un mot à tous les bâtiments qui sont en contact avec les locomotives en feu et les trains de voyageurs et de marchandises. J'ai au surplus indiqué, dans mon tableau estimatif, la quotité de la déduction qui doit, selon moi, être faite sur la valeur locative de chaque bâtiment ou partie de bâtiment.

M. l'Inspecteur nous a dit que pour la contribution foncière, il y a lieu d'appliquer le taux de 5 p. 100 à la valeur des bâtiments et de l'outillage immobilisé, parce que c'est le taux qui a été appliqué à tous les autres bâtiments de la ville de Paris et de l'ancienne commune de Bercy. Nous serons donc d'accord sur ce point mon collègue et moi. Mais je ne puis m'empêcher de témoigner mon étonnement de ce que cette uniformité, qu'on nous recommande d'établir pour la contribution foncière, ne nous a pas été également recommandée pour la contribution des patentes. Cependant, pour l'une et pour l'autre, il s'agit d'un impôt que la loi prescrit de faire payer aux contribuables dans les mêmes proportions, et non dans des proportions différentes.

J'ai indiqué dans la réponse à la question n° 6 quelles sont les conditions que doit réunir, selon moi, l'outillage pour être considéré comme immobilisé. Il faut qu'il soit solidement scellé aux murs ou au sol, à chaux, à plâtre ou à ciment, et qu'il ne puisse pas en être enlevé sans occasionner de dégradations.

Au surplus, il y a sur ce point conformité d'opinion entre mon collègue et moi. Mais il n'a pas cru devoir adopter la jurisprudence établie par un arrêt du Conseil d'État, dont j'ai fait l'application à cet outillage et à d'autres parties de la gare.

MM. Nugues et Salles, possèdent dans la commune d'Écouché (Orne), cinq fours à chaux. Quatre de ces fours seulement figuraient pour 1859 sur la matrice cadastrale de cette commune. La contribution de deux de ces fours étant trop élevée, ils en avaient demandé la réduction. Mais l'instruction fit découvrir qu'ils avaient un cinquième four qui n'était pas imposé. Le Conseil de Préfecture, en fixant le revenu cadastral des fours appartenant à ces propriétaires, avait compris dans cette évaluation le revenu du cinquième four. Le Conseil d'État, considérant que si les sieurs Nugues et Salles exploitent dans la commune d'Écouché cinq fours à chaux, quatre de ces fours seulement figurent pour 1859 sur la matrice cadastrale de la dite commune, que dès lors c'est à tort que le Conseil de Préfecture, en fixant le revenu cadastral des fours appartenant à ces propriétaires, a compris dans cette évaluation le revenu du cinquième four ; a, par arrêt du 9 janvier 1861, n° 34,602, annulé la décision du Conseil de Préfecture, et décidé que les sieurs Nugues et Salles ne seraient imposés, pour l'année 1859, à la contribution foncière, sur le rôle de la commune d'Écouché, qu'à raison des quatre fours à chaux inscrits sur la matrice cadastrale.

La Compagnie de chemin de fer se trouve dans une position analogue pour plusieurs bâtiments de la gare, de peu d'importance il est vrai, et aussi pour plusieurs autres objets qu'on voudrait imposer pour la première fois à la contribution foncière quoique la loi s'y oppose formellement. En imposant aujourd'hui ces bâtiments et ces objets, on établirait une compensation avec les réductions auxquelles la Compagnie a droit pour les deux grosses erreurs, relatives à l'embarcadère des voyageurs et à la halle aux vins de l'arrière-gare, et aussi pour la troisième erreur relative à la déduction en considération du dépérissement et des frais d'entretien et de réparations. Mais cette compensation ne saurait être admise en vertu de l'arrêt précité du 9 janvier 1861, et les articles non compris dans la matrice cadastrale, dont plusieurs ne sont d'ailleurs pas imposables à la contribution foncière. ne doivent pas figurer dans le règlement du revenu net imposable pour 1861, que nous sommes chargés d'établir.

Dans son avis sur la demande en réduction de la contribution foncière de la gare de Paris, article 674 du rôle. le contrôleur déclare que le revenu net imposable fixé à 198,300 fr. a été établi d'après les mêmes éléments que pour la patente dont le droit proportionnel est calculé sur une valeur locative de 369,500 fr. et que dans cette somme sont comprises deux machines à vapeur.

En effet, si de la valeur locative de 369,500 fr. on retranche d'abord celle des bâtiments qui ne sont pas encore imposables à la contribution foncière, tels que la remise à locomotives ; si ensuite on fait la déduction du quart qui a été opérée en considération du dépérissement et des frais d'entretien et de réparations ; si enfin on applique la proportion d'atténuation des évaluations cadastrales qui est de 25 p. 100, on arrive au chiffre de 198,300 fr., montant du revenu net imposable à la contribution foncière. Ainsi tous les articles, que j'ai signalés dans mon rapport sur la contribution des patentes comme non imposés à cette contribution, ne le sont pas non plus à la contribution foncière.

Quant à l'arrière-gare de Bercy, cette vérification est encore plus facile, attendu que la matrice cadastrale fait connaître nominativement et article par article les objets imposés, et qu'on n'y voit figurer aucun de ceux que j'ai signalés dans mon tableau d'estimation comme non soumis à l'impôt.

On est dans l'usage à Paris de ne pas imposer à la contribution foncière la loge du concierge, qui est une charge pour le propriétaire et non un revenu. J'ai fait pour cet objet une réduction de 300 fr. de valeur locative sur l'article 1er.

On est aussi dans l'usage de faire une réduction de 2 fr. par tête d'habitant sur le revenu, pour compenser la dépense de la vidange des fosses d'aisances. Le nombre des personnes qui se servent de ces fosses est tellement considérable, si difficile à établir, que j'ai cru devoir supprimer l'article entier. Ces fosses ne donnant pas de revenu, n'ont pas de valeur locative; elles ne sont d'ailleurs pas aujourd'hui imposés, et il y a lieu de faire à cet égard application de l'arrêt du 9 janvier 1861.

On est dans l'usage à Paris d'opérer une réduction de 30 p. 100 sur les évaluations faites par voie de comparaison pour les ramener au taux de celle de 1852, époque à laquelle a été rédigée la matrice cadastrale. J'ai opéré cette réduction sur la maison n° 14 et sur la maison n° 20. J'ai été fort étonné de lire dans la partie de l'état relatif aux patentes, dressé par mon collègue, une annotation de laquelle il résulterait que c'est moi qui ai fixé directement la valeur locative de la maison n° 20, à 2,300 fr. (1). Il la porte lui-même à 3,013 fr. à raison de 6 p. 100 des frais de construction. C'est mon collègue qui a fait l'estimation détaillée, par voie de comparaison

(1) Voir l'état signé par les deux experts.

de cette maison. Tous les membres de la commission des contributions directes, ainsi que moi, nous avons pris note de ses évaluations que j'ai adoptées. Il n'est plus possible de revenir là-dessus. D'ailleurs pourquoi aurait-on employé ce procédé pour les maisons destinées à l'habitation, pour les deux pavillons de concierge, pour la maison n° 14, la maison de la traction, et pourquoi ne l'aurait-on pas employé pour la maison n° 20 qui est dans la même position ?

Quant à la maison de la traction, j'ai cru devoir faire subir aussi aux évaluations, faites par comparaison avec celles des habitations de Paris, la réduction de 30 p. 100, car la valeur locative des habitations a aussi augmenté à Bercy depuis la rédaction de la matrice cadastrale, et elle ne date pas seulement de 1852 comme à Paris, elle remonte à 1844.

Les bâtiments imposables à la contribution des patentes et non encore imposables à la contribution foncière à cause de leur récente construction sont, ainsi que je l'ai déjà dit, pour la gare de Paris la remise à locomotives n° 24, et pour l'arrière-gare de Bercy le hangar pour les marchandises au départ, avec ses neuf bascules n°s 37 et 37 bis.

La maréchallerie avec l'atelier de menuiserie n° 52, ont subi des agrandissements qui ne sont pas encore imposables à la contribution foncière. Ce bâtiment doit conserver pour 1861 son ancien revenu net imposable de 45 fr., art. 312.

Quant à l'atelier de petit entretien, d'un revenu net imposable de 190 fr., art. 10, il a été démoli et la contribution doit en être supprimée pour 1861.

Ainsi, en ce qui concerne la contribution foncière, je

n'ai que deux points de dissidence avec mon collègue :

1° La quotité de la déduction en considération du dépérissement, et des frais d'entretien et de réparations. —
Il suffit d'examiner les nombreuses causes de dépérissement qui exercent leur action sur les bâtiments servant
à l'exploitation des chemins de fer, les nombreuses dépenses qu'exigent leur réparation et leur entretien pour
fixer son opinion à cet égard.

2° L'arrêt du Conseil d'État, en date du 9 janvier 1861,
relatif aux bâtiments et autres objets non imposés dans
la matrice cadastrale, dont mon collègue n'a pas tenu
compte, qu'il ne discute, qu'il ne cite même pas. Cet arrêt ne laisse aucun doute sur l'obligation dans laquelle
nous sommes de ne pas comprendre ces articles, qui ne
sont pas inscrits à la matrice cadastrale, dans l'évaluation
du revenu net imposable, sur lequel doit être établie la
cote de 1861.

Ces objets sont : une partie de l'outillage immobilisé,
les bascules avec les guérites placées à côté, qui n'étant
pas d'ailleurs des constructions, ne sont pas imposables à
la contribution foncière.

Les cabinets d'aisances qui d'ailleurs ne donnent pas
de revenus et sont considérés par l'Administration municipale comme une charge et non comme un produit.

L'horloge électrique de l'arrière-gare de Bercy, les
corps-de-garde, les bâtiments de l'octroi de l'arrière-gare
de Bercy, ainsi que le pavillon du gardien, qui, étant
mobile, n'est pas imposable à la contribution foncière.

Parmi les autres articles non compris dans les matrices
que mon collègue propose de faire entrer dans l'établissement de la cote rectifiée, et qui d'ailleurs, selon moi,
ne sont pas imposables, il en est plusieurs d'une grande

importance, et à l'égard desquels je dois, en conséquence, justifier mon opinion.

Chantiers.

Mon collègue porte, dans les évaluations de la gare de Paris, pour une valeur de 673,904 fr., et de celle de Bercy, pour une valeur de 266,193 fr., des terrains qu'il appelle chantiers.

Cette qualification est inexacte. Ces prétendus chantiers, auxquels il donne une superficie de 54,700 mètres carrés pour la gare de Paris, et de 38,523 pour l'arrière-gare de Bercy, sont des terrains que mon collègue prend par la pensée autour de chaque bâtiment, et en contenance égale à celle de celui-ci, pour lui donner une espèce de cour, ce qui, pour la plupart, est matériellement impossible, car, resserrés entre la voie d'un côté, et des murs au-dessous desquels sont des terrains en contre-bas de l'autre, ayant en avant et en arrière des bâtiments, ils ne peuvent pas être entourés de cette prétendue cour ou de ces chantiers dont on veut les gratifier. Ainsi, cette expression inexacte ne peut qu'induire en erreur. Mais une circonstance qui doit contribuer plus encore à induire en erreur, c'est que dans le calcul de la valeur de ces prétendus chantiers, on déduit un dixième s'élevant à 94,009 fr., savoir : 67,390 fr. pour la gare de Paris, et 26,619 fr. pour l'arrière-gare de Bercy, pour frais de clôture. Or, il n'y a là aucune espèce de clôture, et je ne comprends pas où l'on peut placer cette dépense de 94,009 fr. Tous ces faits paraîtront bien extraordinaires; ils seront attestés par MM. les membres de la commission des contributions directes.

Au surplus, ces terrains qu'on réunit par la pensée aux bâtiments en sont complétements indépendants. Ils n'y sont rattachés ni par des murs, ni par des haies, ni par des barrières, ni par des clôtures d'aucune espèce. Ce sont des propriétés non bâties, et d'après la loi du 15 septembre 1807 sur la contribution foncière, le revenu net imposable qui leur est attribué par la matrice cadastrale, et qui est de 2,368 fr. pour la gare de Paris, et de 1,040 fr. pour l'ancienne gare de Bercy, doit rester invariable et ne peut subir aucun changement, jusqu'à la confection d'un nouveau cadastre. D'après l'article 38 du cahier des charges, ces terrains ne pourront même être imposés, lors de la confection d'un nouveau cadastre, que comme les terres labourables de première classe, c'est-à-dire à raison de 433 fr. l'hectare pour Paris, et 60 fr. l'hectare pour l'ancien territoire de Bercy. D'après le cadastre actuel, et les modifications ci-dessus on porterait le revenu net imposable par hectare, à 3,118 fr. pour Paris, et à 2,260 fr. pour l'ancien territoire de Bercy, c'est-à-dire pour les premiers à sept fois et pour les seconds à trente-huit fois l'évaluation cadastrale qu'ils ne peuvent pas dépasser, d'après la loi du 3 frimaire an VII et le cahier des charges.

D'ailleurs, par qui serait faite l'évaluation de toutes ces propriétés qui ne sont pas bâties? La loi du 15 septembre 1807, qui a prescrit la fixité de l'évaluation de ces sortes de propriétés, n'a donné aux répartiteurs, ni à aucun autre fonctionnaire, le droit d'en établir le revenu net imposable. L'article 36 de cette loi ne maintient les répartiteurs que pour les propriétés bâties et pour la contribution personnelle et mobilière.

On comprend facilement que je ne pouvais pas suivre

mon collègue dans la voie où il est entré, et faire comme loi des propositions qui sont une violation de la loi du 3 frimaire an VII, de celle du 15 septembre 1807, ét de l'article 38 du cahier des charges, annexé à la loi de concession.

Pavage.

Mon collègue porte, dans ses évaluations, une somme de 588,000 fr. pour le pavage de ces mêmes terrains, savoir : pour la gare de Paris, 220,000 fr., et pour l'arrière-gare de Bercy, 368,000 fr.

Les pavages, considérés en eux-mêmes, ne sont pas une propriété foncière qui puisse donner lieu à une contribution foncière; considérés comme adhérents au sol, tout ce que j'ai dit pour l'article précédent s'applique également à celui-ci. Ce serait un grand sujet d'étonnement de voir figurer, parmi les natures de propriété, dans la matrice de Paris, les pavages pour un revenu net imposable de 1,131 fr. par hectare, et de 2,687 fr. par hectare, pour l'ancienne commune de Bercy.

Il arrive quelquefois, à Paris, que des propriétaires font établir des rues sur des terrains qui leur appartiennent, qu'ils les pavent, et y font placer des trottoirs. La ville reste souvent quelque temps à les classer parmi les rues qui sont une propriété communale. A-t-on jamais songé à imposer à la contribution foncière ces pavés et ces trottoirs, et même à changer le revenu net imposable pour lequel le sol de ces rues est porté dans la matrice? C'est là cependant ce que propose de faire mon collègue.

Je répète que ces terrains pavés ne font pas partie des

bâtiments, qu'ils n'y sont rattachés ni par des murs, ni par des haies, ni par des barrières, ni par une clôture quelconque. Les pavages placés à l'intérieur des bâtiments, ont été compris par nous dans l'évaluation de ces bâtiments. Il s'agit ici d'une propriété non bâtie dont le revenu net imposable ne peut pas être changé jusqu'à la confection d'un nouveau cadastre. Je ne pouvais donc proposer, ainsi que l'a fait mon collègue, d'augmenter le revenu imposable de ces terrains pavés, sans violer la loi du 3 frimaire an VII, celle du 15 septembre 1807, l'article 38 du cahier des charges et la jurisprudence établie par le Conseil d'État, par son arrêt du 9 janvier 1861, à l'égard des objets non compris dans la matrice cadastrale.

Quai à coke et quai de chargement des bestiaux.

Mon collègue porte une somme de 9,863 fr. pour le premier de ces quais, à la gare de Paris, et une somme de 32,905 fr. pour le second à l'arrière-gare de Bercy.

Ces quais figurent sur les matrices cadastrales pour le revenu qui leur est attribué par le cadastre, 118 fr. pour le premier et 405 pour le second. Ces sont des terrains pavés sur lesquels il n'a été élevé ni halles, ni hangars. Ils rentrent dans la catégorie des deux articles précédents, et je ne pouvais proposer, ainsi que l'a fait mon collègue, de modifier le revenu net imposable des terrains sur lesquels ils sont établis, sans violer la loi du 3 frimaire an VII, celle du 15 septembre 1807, l'article 38 du cahier des charges et la jurisprudence établie par le Conseil d'État, par son arrêt du 9 janvier 1861, à l'égard des objets non compris dans la matrice cadastrale.

Rails et plaques tournantes.

Mon collègue porte dans ses évaluations une somme de 465,440 fr. pour rails et plaques tournantes de la gare de Paris, dont à l'extérieur des bâtiments 312,000 fr. et à l'intérieur 153,440 fr. Ces objets ne sont pas imposés à la matrice cadastrale, et ne sont pas imposables.

Ceux qui sont placés à l'extérieur des bâtiments reposent sur le sol dont le revenu net imposable actuel ne peut être modifié jusqu'à la confection d'un nouveau cadastre. Ces rails et ces plaques tournantes, ainsi que ceux placés à l'intérieur des bâtiments font, d'ailleurs, partie de la grande voirie, d'après la loi sur les chemins de fer en date du 15 juillet 1845 ; et l'article 103 de la loi du 3 frimaire an VII, exempte de la contribution foncière les grandes routes.

L'article 38 du cahier des charges porte que la contribution foncière est établie en raison de la surface occupée par le chemin de fer et par ses dépendances; que la cote en est calculée, comme pour les canaux, conformément à la loi du 25 avril 1803 ; que les bâtiments et les magasins dépendant de l'exploitation des chemins de fer, sont assimilés aux propriétés bâties dans la localité. Il n'est nullement question, dans cet article, de soumettre à la contribution foncière, les rails et les plaques tournantes placés soit à l'intérieur, soit à l'extérieur des bâtiments.

Ainsi, je ne pouvais, comme l'a proposé mon collègue, soumettre à l'impôt foncier les rails et les plaques tournantes, sans violer l'article 103 de la loi du 3 février an VII, la loi du 15 septembre 1807, l'article 1er de la loi du 15 juillet 1845, l'article 38 du cahier des charges et la

jurisprudence établie par le Conseil d'État, par son arrêt
du 9 janvier 1861, à l'égard des objets non compris dans
la matrice cadastrale.

Murs de soutenement des terres.

Mon collègue porte, dans ses évaluations, une somme
de 88,000 fr. pour les murs de soutenement des terres, l'un, d'une valeur de 30,000 fr. dans la gare de
Paris, l'autre, d'une valeur de 58,000 fr. dans la gare de
Bercy. Ces murs de soutenement des terres ne sont pas
imposés dans la matrice cadastrale.

Ces murs n'ont pas de valeur locative, ne donnent pas
de revenu, et ne sont pas imposables à la contribution
foncière. On peut, par analogie, faire ici l'application de
l'article 27 de la loi du 3 frimaire an VII, qui porte :

«Les terrains enclos sont évalués d'après les mêmes
règles et dans les mêmes proportions que les terrains non
enclos, de même qualité, et donnant le même genre de
production. On n'a égard dans la fixation de leur revenu
net imposable, ni à l'augmentation du produit, qui n'est
évidemment que l'effet des clôtures, ni aux dépenses d'é-
tablissement et d'entretien de ces clôtures, quelles qu'elles
puissent être. »

Cette disposition m'a semblé s'appliquer parfaitement
aux murs de soutenement des terres, qui ne sont pas plus
imposables que les murs de clôture. Je ne pouvais donc
proposer de les imposer, comme l'a fait mon collègue,
sans violer cet article, sinon dans sa lettre, au moins dans
son esprit, et sans violer aussi la jurisprudence établie par
le Conseil d'Etat, par son arrêt du 9 janvier 1861, relativement aux objets non compris dans la matrice cadastrale.

Aqueducs et égouts.

Mon collègue porte, dans ses évaluations. 132,000 fr. pour aqueducs et égouts pour l'assainissement de la gare; savoir : pour la gare de Paris, 88,000 fr., et pour l'arrière-gare de Bercy, 44,000 fr.

Ces objets ne sont pas compris dans la matrice cadastrale.

Ces aqueducs et égouts, qui sont tout à fait indépendants des bâtiments, ne sont pas susceptibles d'avoir une valeur locative, de donner un revenu, et ils ne sont pas imposables. On ne les voit figurer dans la nomenclature de la loi du 3 frimaire an VII, ni parmi les propriétés qui sont soumises à l'impôt, ni parmi celles qui en sont exemptes. La loi excepte de l'impôt les rues, les places publiques, carrefours, etc. Elle n'excepte pas les aqueducs et les égouts, et néanmoins je ne vois pas qu'on ait imposé ceux de la ville de Paris. Cependant, d'après les articles 109 et 110 de cette loi, les propriétés appartenant aux communes, autres que celles qu'elle désigne comme exemptes de l'impôt, doivent être évaluées comme les autres propriétés particulières. Je dois donc en conclure que ces aqueducs et ces égouts, qui sont la propriété de l'État, ne doivent, pas plus que ceux de la ville de Paris, être soumis à la contribution foncière. D'ailleurs, destinés à assainir la surface de la gare, par le sol de laquelle ils sont recouverts, ils doivent être considérés comme faisant corps avec la surface de la gare non couverte de bâtiments, dont le revenu net imposable ne peut pas être modifié jusqu'à la confection d'un nouveau cadastre. Je ne pouvais donc proposer, comme l'a fait mon collègue, de comprendre dans les bases de l'impôt ces aqueducs et ces égouts, sans violer la loi du 3 frimaire an VII, la loi du 15 septembre 1807, l'article 38 du cahier des charges de la Compagnie, et la jurisprudence, établie par l'arrêt du Conseil d'Etat du 9 janvier 1861, à l'égard des articles non compris dans la matrice cadastrale.

Conduites d'eau.

Mon collègue porte, dans ses évaluations, une somme de 166,000 fr. pour conduites d'eau ; savoir : pour la gare de Paris, 86,000 fr., et pour l'arrière-gare de Bercy, 80,000 fr.

La loi soumet à l'impôt les propriétés qui donnent un revenu, mais ces conduites d'eau ne donnent pas un revenu à la Compagnie, elles n'ont pas de valeur locative pour elle. Au contraire, elles sont une dépense, à cause de la redevance qu'elle paie à la ville. Il faut un grand renversement de toutes les idées pour soumettre à l'impôt, comme donnant un revenu, ce qui est, au contraire, une dépense. A-t on imposé les conduites d'eau de la ville? Cependant, pas plus que les aqueducs et les égouts, elles ne sont classées parmi les objets non imposables. La fontaine seule est déclarée non imposable. Mais ces conduites fournissent aussi de l'eau aux particuliers. Elles deviennent ainsi une source de revenus pour la ville, et on ne les impose pas, tandis qu'on imposerait celui qui paie une redevance à la ville? Je le répète, ce serait le renversement de toutes les idées reçues.

Ces conduites d'eau, enfouies dans le sol de la gare, doivent être traitées comme faisant partie du sol de la gare non couvert de bâtiments.

Je ne pouvais donc proposer, comme l'a fait mon collègue, de comprendre dans les bases de l'impôt ces conduites d'eau, car j'aurais violé la loi du 3 frimaire an VII, la loi du 15 septembre 1807, l'article 38 du cahier des charges de la Compagnie, et la jurisprudence établie par l'arrêt du Conseil d'Etat du 9 janvier 1861 relatif aux objets non compris dans la matrice cadastrale.

Canalisation du gaz et appareils d'éclairage.

Mon collègue porte, dans ses évaluations, une somme de 255,000 fr. pour canalisation du gaz et appareils d'éclairage; savoir : pour la gare de Paris, 145,000 fr., et pour l'arrière-gare de Bercy, 110,000 fr.

Cet article est absolument de la même nature que le précédent. Cette canalisation du gaz n'a pas une valeur locative, n'est pas un revenu pour la Compagnie, car il s'agit ici, au contraire, d'une dépense qu'elle paie à la Compagnie du gaz pour le gaz que celle-ci lui fournit pour l'éclairage des bâtiments et de la voie. Dans tous les cas, on aurait dû en retrancher les appareils d'éclairage, qui sont un objet mobilier.

Pour la Compagnie du gaz, on n'impose pas à la contribution foncière les conduites extérieures, qui sont pour elle une source de revenus. L'Administration des contributions directes a recommandé de ne pas comprendre les tuyaux de gaz dans l'évaluation des bases de l'impôt, et je ne conçois pas, par quel renversement de toutes les idées reçues, on voudrait imposer la canalisation du gaz pour la Compagnie du chemin de fer, qui n'en tire pas un revenu, et à qui elle occasionne une dépense. Cette canalisation du gaz est enfouie dans le sol de la gare. Le revenu net imposable pour lequel la surface non couverte de bâtiments, est compris dans la matrice cadastrale, ne peut pas être modifié jusqu'à la confection d'un nouveau cadastre. Je ne pouvais donc proposer, comme le fait mon collègue, d'imposer cette canalisation du gaz et les appareils d'éclairage sans violer la loi du 3 frimaire an VII, la loi du 15 septembre 1807, l'article 38 du cahier des charges, et la jurisprudence établie par l'arrêt du Conseil d'État du 7 janvier 1861, relativement aux objets non portés dans la matrice cadastrale.

Arrivé à la fin de cette longue nomenclature d'objets non imposables, non imposés, et qu'on propose néanmoins de soumettre à l'impôt, malgré le texte formel des lois et la jurisprudence du Conseil d'Etat, j'éprouve le besoin d'en présenter la récapitulation :

Terrains qu'on veut considérer comme ajoutés à la surface des bâtiments, improprement appelés chantiers, cours avec clôture, bien qu'il n'y ait de clôture d'aucune espèce, ni murs, ni haies, ni barrières, etc. 940,097 f.

Pavage de ces terrains 588,000

Quais à coke et pour le chargement des bestiaux. 42,768

Rails et plaques tournantes 465,440

Murs de soutenement des terres . . . 88,000

Aqueducs et égouts pour l'assainisse-ment de la gare. 132,000

Conduites d'eau pour *idem* 166,000

Canalisation du gaz et appareils d'é-clairage 255,000

Total 2,677,305

Je comprends parfaitement qu'en soumettant à l'impôt tous ces objets, avec leur masse énorme de 2,677,305 fr., on parvienne à compenser les réductions auxquelles a droit la Compagnie pour les erreurs relatives à l'embarcadère de Paris, à la halle aux vins de Bercy et à la déduction en considération du dépérissement, de l'entretien et des réparations. Mais il faudrait pour pouvoir, obtenir équitablement et légalement un tel résultat, ne pas violer les nombreuses lois et les arrêts que j'ai cités, tels que la loi du 3 frimaire an VII, et l'article 38 du cahier des charges qui n'imposent les terrains non couverts de bâtiments, que sur le taux des meilleures terres labourables ;

La loi du 15 septembre 1807, qui ordonne la fixité de l'évaluation cadastrale des propriétés non bâties ;

L'arrêt du Conseil d'État du 9 janvier 1861, qui ne permet pas de faire entrer dans la vérification des cotes, objet d'une réclamation, des articles non portés dans la matrice cadastrale.

Par un motif quelconque, que je n'ai pas à rechercher, mon collègue n'a pas voulu tenir compte de toutes ces lois et de cet arrêt dont je lui ai donné connaissance. Il est évident qu'avec un tel système, il est extrêmement facile de justifier toute espèce d'évaluations.

Les évaluations que nous avions primitivement faites, loin de subir cette énorme augmentation, sont, au contraire, susceptibles de quelques légères réductions. Par esprit de conciliation, la Compagnie n'avait pas voulu demander qu'on établît le montant de ces réductions ; mais en présence d'une énorme augmentation, que rien ne justifie, je n'ai pas cru pouvoir négliger de légères diminutions, qui sont parfaitement justifiées.

Lorsque nous avons commencé nos opérations, nous avons décidé, mon collègue et moi, que nous prendrions, comme valeur des terrains, la moyenne des prix d'acquisition, ainsi qu'il est constaté dans la première partie de notre rapport commun. C'est le produit de cette moyenne qui est inscrit dans le tableau des évaluations. Plus tard, mon collègue a cru devoir mettre de côté cette moyenne et appliquer, même aux terrains le plus anciennement achetés, le prix des acquisitions récentes. Mais, en ce qui concerne la contribution foncière, il est généralement admis que ce sont les prix de 1852, époque de la fixation des évaluations, qu'il faut adopter. Ainsi, ce n'est ni le prix de 12 fr. 32 c. par mètre carré pour la gare de Paris, ni celui de 6 fr. 91 c. par mètre carré pour l'arrière-gare de Bercy qu'il faut prendre pour base des évaluations, comme le porte le tableau des estimations, mais les prix de 1852; savoir : 11 fr. 37 c. pour la gare de Paris, et 6 fr. 30 c. pour l'arrière-gare de Bercy. En faisant l'application de ces prix aux contenances, et en opérant toutes les déductions indiquées, soit pour dépérissement, soit pour atténuation des évaluations cadastrales, on a les réductions suivantes sur le revenu net imposable :

1re PARTIE. — Gare de Paris	. . . :	1,118 f.
2e PARTIE. — Grandes halles de Bercy.	.	94
3e PARTIE. — Halle du chemin de fer de ceinture	. . . .	13
4e PARTIE. — Halle aux vins de Bercy.	.	23
Id. — Maison de la traction.	. .	5

Il y a aussi une réduction à faire sur la valeur de

construction des bâtiments. Plusieurs ont été construits
ou agrandis depuis 1852. On dit que le prix des constructions a augmenté de 10, 50 p. 100 depuis lors, ou,
en moyenne, de 1 p. 100 par an, et ce sont les prix de
1852 qu'il s'agit d'établir. Il faut donc faire sur la valeur
de construction une diminution correspondante au nombre d'années qui se sont écoulées depuis 1852 jusqu'au
moment de la construction et de l'agrandissement.

Il ne faut pas prétendre que je me mets en contradiction avec moi-même, en voulant opérer ici ces réductions, tandis que je me suis prononcé contre les augmentations lorsqu'il s'est agi de la contribution des patentes.
Il doit y avoir invariabilité pour les valeurs locatives
servant de base à la patente, parce que les bâtiments
servant à l'exploitation des chemins de fer sont placés en
dehors du mouvement des affaires, parce qu'ils ne peuvent être ni vendus, ni loués ; parce qu'ils ne peuvent
pas, dans une telle situation, profiter de ces augmentations de loyer que produit, non pas l'augmentation du
prix des matériaux de construction, mais la concurrence,
mais l'empressement qu'on met à louer les maisons et les
bâtiments industriels. On en trouve la preuve dans ce qui
se passe aujourd'hui. Le prix des matériaux de construction a augmenté de 10, 50 p. 100 depuis dix ans,
celui des terrains a augmenté aussi, et cependant le prix
des loyers commence à diminuer, comme le disait na-
guère M. le préfet de la Seine dans son rapport au Conseil général, parce que le nombre des logements et des
appartements à louer devient chaque jour plus considérable, et qu'il n'y a, dès lors, plus la même concurrence,
le même empressement pour se les procurer.

Pour la contribution foncière, au contraire, il s'agit

d'établir, dans l'intérêt de l'égalité proportionnelle, la valeur de construction de 1852. Je peux donc, sans me mettre en contradiction avec moi-même, opérer les réductions nécessaires pour revenir aux valeurs de cette époque. Si quelqu'un se met ici en contradiction avec lui-même, c'est mon collègue, qui maintient la valeur de construction des bâtiments construits en 1858, lorsqu'il devrait leur appliquer les valeurs de 1852.

Les réductions à faire, pour cet objet, sur le revenu net imposable, sont, pour la gare de Paris, de. 2,861 f. Et pour la halle aux vins de Bercy, de . . . 496

Au surplus, pour éviter toute erreur, j'ai reproduit les évaluations relatives à la contribution foncière dans un tableau particulier.

Persévérant, en conséquence, à ne prendre pour base de mon travail que les dispositions de loi et les arrêts du Conseil d'État, que j'ai cités, je suis d'avis que le revenu net imposable des diverses parties de la gare de Paris et de l'arrière-gare de Bercy, des chemins de fer de Paris à Lyon et à la Méditerranée, doit être fixé ainsi qu'il suit :

ART. 694 du Rôle. — Gare de Paris.

                 Bâtiments .   138,831 f. »

Idem. Sol de la gare non susceptible de changement jusqu'à la confection d'un nouveau cadastre. . . . .   9,975 »

ART. 153. — Idem. Halle au vin . .   6,378 »

Idem. Maison de la traction. . . . . .   1,639 »

Idem. Sol de la gare non susceptible de change-

ment jusqu'à la confec-
tion d'un nouveau ca-
dastre . . . . . 3,861 39 c.

ART. 313. — Hangar du chemin de fer
de ceinture . . . . 1,285 »

ART. 348. — Grandes halles. . . . 7,049 ›

ART. 312. — Maréchallerie actuelle,
maintenue sans chan-
gement, l'agrandisse-
ment étant de cons-
truction récente . . 45 ›

ART. 10. — Atelier du petit entretien,
démoli à supprimer 190 ›

OBSERVATIONS du représentant de la Compagnie des chemins de fer de Paris à Lyon et à la Méditerranée, sur la vérification de la réclamation relative à la réduction de la contribution foncière, pour laquelle la gare de Paris et l'arrière-gare de Bercy sont comprises dans les rôles de 1861.

Les observations que j'ai présentées sur la manière d'opérer de l'expert de l'Administration, en ce qui concerne la contribution des patentes, doivent nécessairement se reproduire à l'égard de la contribution foncière.

Le premier devoir d'un expert chargé d'émettre son opinion sur une affaire, est de rechercher les lois qui régissent la matière, la jurisprudence des tribunaux, et, lorsqu'il s'agit d'un contrat tel que celui qui existe entre l'Etat et les Compagnies des chemins de fer, les conditions qui ont été imposées à ces Compagnies, les obligations qu'elles ont contractées.

Les lois et les actes officiels relatifs à l'établissement de la contribution foncière des chemins de fer, sont :

La loi du 3 frimaire an VII ;

La loi du 15 septembre 1807;

La loi du 16 juillet 1845 ;

Le cahier des charges de la Compagnie annexé à cette loi;

L'arrêt du Conseil d'Etat du 3 février 1853, n° 24,356;

L'arrêt du Conseil d'Etat du 9 janvier 1861;

L'Ordonnance royale du 3 octobre 1821;

La circulaire du Directeur général des contributions directes, du 6 mars 1847;

Etc., etc.

Mais l'expert de l'Administration s'est bien gardé de citer une seule de ces autorités, car toutes le condamnent. Il n'a invoqué que son seul raisonnement. Tous les efforts qu'il a faits pour compenser les surtaxes qui pèsent sur la Compagnie, tant pour la contribution foncière que pour la contribution des patentes, et qui proviennent des erreurs que j'ai signalées dans mes observations sur cette dernière contribution, erreurs relatives l'une, à l'embarcadère des voyageurs de la gare de Paris, l'autre à la halle aux vins de l'arrière-gare de Bercy, ont été infructueux. Il y a plus : les nombreuses erreurs de calcul qui existent dans cette partie de son travail, et que j'aurai soin de signaler dans le cours de ces observations, révèlent de sa part une espèce de découragement, et les difficultés qu'il a éprouvées pour arriver à un résultat satisfaisant.

Il n'avait pas pour la contribution foncière, comme pour la contribution des patentes, la ressource de faire subir à ses évaluations un premier rehaussement de 10, 50 p. 100, sous prétexte que le prix des matériaux de construction a augmenté d'autant depuis 1852, car on lui a dit que ce sont les valeurs de cette année qu'il devait prendre pour base de son travail ;

Ni celle de lui faire subir un second rehaussement de 20 p. 100 en calculant la valeur locative à raison de 6 p. 100, au lieu de 5 p. 100, car, par une circonstance tout à fait extraordinaire, après avoir posé la règle que, pour la contribution foncière, il fau tappliquer le taux de

5 p. 100, parce que c'est celui qui a été adopté pour tous les contribuables, il a été induit à croire qu'il pouvait s'en affranchir pour la contribution des patentes, quoique là aussi on eût appliqué aux autres patentables le taux de 5 p. 100.

Enfin, il n'a pas pu, comme pour la contribution des patentes, ramener le prix des terrains anciennement achetés au taux des acquisitions faites en 1860, car on lui a dit que ce sont les prix de 1852 qui, pour les chemins de fer, comme pour tous les autres contribuables, doivent servir de base à l'impôt.

Aussi a-t-il fait entrer dans ses évaluations plusieurs objets qui, aux termes de la loi et du cahier des charges, ne sont pas imposables à la contribution foncière.

Autant l'expert de l'Administration a négligé de prendre pour base de son travail les dispositions législatives et des autres actes officiels relatifs à cette affaire, autant je mettrai de soin à rechercher tout ce qui doit être élagué de ses évaluations, pour rester dans les limites qui lui étaient tracées par la loi et le par cahier des charges.

Le cahier des charges de la concession des chemins de fer est le premier document qu'aurait dû consulter l'expert de l'Administration, car il fait connaître les conditions imposées à la Compagnie en matière d'impôt, et les obligations qu'elle a contractées à ce sujet. Malheureusement il n'en a tenu aucun compte.

Voici ce que porte l'article 38 :

« La contribution foncière sera établie en raison de la » surface des terrains occupée par le chemin de fer et par » ses dépendances. La cote en sera calculée comme pour » les canaux, conformément à la loi du 25 avril 1805.

» Les bâtiments et les magasins dépendant de l'exploi-

» tation des chemins de fer seront assimilés aux proprié-
« tés bâties dans la localité, et la Compagnie devra éga-
» lement payer toutes les contributions auxquelles ils
» pourront être soumis. »

Ces dispositions sont claires et précises. Elles indiquent toutes les charges auxquelles la Compagnie s'est soumise relativement aux contributions directes, en acceptant la concession. Ces charges sont une partie du contrat que la Compagnie a fait avec le gouvernement, et il n'est plus possible d'en changer les conditions, surtout pour les aggraver, sans qu'elle y ait préalablement consenti.

Cet article fait une distinction entre les terrains occupés par le chemin de fer et ses dépendances d'une part, et les bâtiments et magasins de l'autre.

Les terrains ne peuvent être soumis qu'à une seule contribution, la contribution foncière. Tel est l'objet du premier paragraphe.

Quant aux bâtiments et magasins, ils doivent être assimilés aux propriétés bâties dans les localités, et la Compagnie doit payer toutes les contributions auxquelles ils peuvent être soumis, par conséquent, la contribution foncière. Ceci ne fait pas de difficultés.

La condition relative aux terrains doit être conciliée avec les dispositions de la loi antérieure du 15 septembre 1807, d'après lesquelles les évaluations cadastrales des terrains non bâtis ne peuvent pas être modifiées jusqu'à la confection d'un nouveau cadastre. En conséquence l'article 37 de cette loi porte que les contrôleurs continueront leurs fonctions à l'égard de la contribution foncière établie sur les propriétés bâties, de même que pour la répartition de la contribution mobilière. Les évaluations cadastrales des propriétés non bâties devant rester invariables, il est évident que les répartiteurs n'avaient plus de fonctions à remplir à cet égard.

L'évaluation cadastrale des terrains non couverts de bâtiments de la gare de Paris ne doit donc pas subir de modifications jusqu'à la confection d'un nouveau cadastre; on pourra alors la changer, mais à une condition: c'est que les terrains non bâtis, de quelque nom qu'il plaise de les appeler, cours, chantiers, terrains industriels ou autres, ne seront imposés que comme les canaux, conformément à la loi du 25 avril 1803, c'est-à-dire d'après le tarif des terres labourables de première classe.

La jurisprudence du Conseil d'Etat est entièrement conforme à ces principes.

La gare du chemin de fer d'Amiens et Boulogne occupe l'emplacement de diverses parcelles qui étaient, au moment du cadastre, en nature de jardins ou de terrains de qualité supérieure, et qui avaient été transportés au nom de la Compagnie avec le revenu inscrit aux articles des propriétaires primitifs. La Compagnie demandait la réduction de revenu attribué au sol, par le motif que les terrains occupés par les chemins de fer et leurs dépendances, ne doivent, d'après les cahiers des charges des diverses concessions, être imposés que comme les canaux, conformément à la loi du 5 floréal an XI, c'est-à-dire, sur le pied des meilleures terres labourables.

Le Conseil de préfecture avait accordé une réduction en assimilant le sol de la gare aux terres labourables de 1re classe.

Le Ministre des finances s'était pourvu contre cette décision.

« Lorsque le chemin de fer, disait-il, ou quelques parties seulement d'un chemin de l'espèce, celles, par exem-

ple qui sont ouvertes sur la voie publique ou sur des
fonds non imposables, sont cotisées pour la première
fois, on les évalue sur le pied des terres labourables de
1re classe, conformément au cahier des charges. Mais
lorsque, comme pour la gare d'Amiens, le chemin de fer
est établi sur des terrains déjà évalués par le cadastre,
on se borne à transporter le revenu imposable au nom
de la Compagnie. Cette marche, prescrite par une circulaire de l'Administration, du 6 mars 1847, est la seule
qui puisse se concilier avec les principes posés par les
lois et règlements sur le cadastre, *lesquels ne permettent
de modifier les revenus cadastraux que dans le cas où un
propriétaire a perdu sa propriété ou une partie du revenu
de sa propriété par un événement extraordinaire et indé-
pendant de sa volonté* (1). Je pense que les clauses insé-
rées dans le cahier des charges des chemins de fer ne
sauraient abroger les dispositions d'une loi générale,
antérieure aux lois de concession, et qu'il n'y a lieu
d'évaluer la surface occupée par les voies de fer et
leurs dépendances, sur le pied des terres labourables de
1re classe, que dans le cas de renouvellement du cadastre
des communes traversées par les chemins. Si, comme l'a
fait le Conseil de préfecture de la Somme, on admettait
que les terrains cédés pour l'établissement des chemins
et dont le revenu cadastral serait supérieur à celui des
terres labourables de 1re classe, devrait être immédiatement réduit au taux de ces terres, il faudrait, par une
juste conséquence, admettre aussi que le revenu et l'impôt des terres de qualité inférieure, occupées par les
chemins, seraient, aussitôt après la cession faite aux

(1) Art. 37 de la loi du 15 septembre 1807.

Compagnies, réhaussés au niveau du revenu et de l'impôt des terres labourables de 1ʳᵉ classe, ce qui n'a lieu, comme pour la diminution, qu'au cas du renouvellement du cadastre. »

Le Conseil d'Etat, par son arrêt du 3 février 1853, nº 24356,

« Vu la loi du 26 juillet 1844, qui autorise le Ministre des travaux publics à concéder le chemin de fer d'Amiens à Boulogne; — vu l'ordonnance royale du 9 septembre 1844, qui prescrit la mise en adjudication de la concession du chemin de fer d'Amiens à Boulogne; — le cahier des charges annexé à ladite ordonnance; — vu l'ordonnance du 24 octobre 1844, qui approuve l'adjudication passée, le 15 du même mois, pour la concession du chemin de fer d'Amiens à Boulogne; — vu les lois du 5 floréal an XI (25 avril 1803), 15 septembre 1807, et du 25 avril 1843; — vu l'ordonnance du 3 octobre 1821;

» Considérant, qu'aux termes de l'article 33 du cahier des charges annexé à l'ordonnance du 9 septembre 1844, la contribution foncière est due à raison de la superficie de tous les terrains occupés par le chemin de fer d'Amiens à Boulogne et par ses dépendances, et que la cote de ces terrains doit être calculée, comme pour les canaux navigables, conformément à la loi du 5 floréal an XI (25 avril 1803), c'est-à-dire sur le pied des terrains de 1ʳᵉ qualité; que si, en exécution de cette disposition, il peut être procédé en dehors du délai prescrit par l'article 9 de l'ordonnance du 3 octobre 1821 à la révision du classement cadastral des parcelles incorporées au chemin de fer, cette révision doit être une opération d'ensemble pour toute la ligne; que la Compagnie concessionnaire du chemin de fer est non recevable à la demander pour quelques par-

13

celles particulièrement, et dans les seules circonstances où elle pourrait lui être avantageuse; que, jusqu'à ce qu'il ait été procédé au classement général des terrains occupés par le chemin de fer, *il y a lieu de maintenir les évaluations résultant de l'expertise* (1); que, dès lors, c'est à tort que le Conseil de préfecture de la Somme a accordé à la Compagnie concessionnaire du chemin de fer une réduction du revenu foncier assigné par le cadastre aux terrains de la gare et de ses dépendances, situés dans la ville d'Amiens, faubourg de Noyon.

ART. 1er. — L'arrêté du Conseil de préfecture de la Somme en date du 9 février 1852, est annulé. »

La circulaire de l'Administration du 6 mars 1849 dont il est fait mention dans l'avis du Ministre des finances, trace, ainsi qu'il suit, aux agents des contributions directes, la marche qu'ils doivent suivre pour la cotisation des terrains occupés par les chemins de fer :

« Les chemins de fer sont imposables. Les terrains » qu'ils occupent ne doivent donc pas être affranchis de » la contribution. Il y a lieu seulement de les faire impo- » ser au nom des nouveaux possesseurs, en raison de » leur même revenu cadastral, leur évaluation ne pou- » vant être changée que quand il sera procédé au renou- » vellement du cadastre des communes traversées. »

Pour le chemin de fer d'Amiens, il ne s'agissait pas de rehausser le revenu des terrains de la gare, de lui faire subir une augmentation. telle que celle de 47,000 fr. que propose l'expert de l'Administration. Au contraire, le Conseil de préfecture avait réduit le revenu net imposa-

(1) Il s'agit ici de l'expertise cadastrale.

ble de ces terrains, sur le motif qu'il était supérieur à celui des terres labourables de 1re classe, et le Ministre des
finances avait demandé le maintien du revenu cadastral
de ces terrains, en se fondant sur les dispositions de la loi
du 15 septembre 1807, lesquelles ne permettent de modifier les revenus cadastraux que dans le cas où un propriétaire a perdu sa propriété ou une partie du revenu
de sa propriété, par un événement extraordinaire et in-
dépendant de sa volonté.

La Compagnie se trouve dans une position analogue à
celle de la gare d'Amiens, en ce qui concerne l'arrière-
gare de Bercy. La surface de cette gare se compose d'anciens jardins maraîchers, dont le revenu net imposable
est de 270 fr. par hectare, tandis que le revenu des terres
labourables de 1re classe n'est que de 60 fr. Mais elle n'a
jamais songé à se prévaloir des dispositions de son cahier
des charges pour demander que le revenu net imposable
des terrains de cette arrière-gare ne soit calculé qu'à
raison de 60 fr. l'hectare : elle sait parfaitement que le
grand principe de la fixité du revenu net imposable des
propriétés non bâties a été consacré par la loi du 15 septembre 1807, et tant qu'il ne sera pas procédé à un nouveau cadastre de l'ancienne commune de Bercy, elle ne
demandera pas qu'il soit rien changé aux évaluations
que contient à ce sujet la matrice cadastrale.

Lorsque la Compagnie et son expert se montrent si
scrupuleux observateurs de la loi du 15 septembre 1807
et de la jurisprudence du Conseil d'Etat à ce sujet, con-
sacrée par son arrêt du 3 février 1853, on ne comprend pas
comment l'expert de l'Administration fait si peu de cas
de ces autorités officielles, ne daigne pas même les mentionner, et propose de violer leurs dispositions et d'aug-

menter dans des proportions énormes le revenu net imposable,

1° Des terrains auxquels il donne le nom de chantiers;

2° Des terrains sur lesquels est déposé le combustible pour le service des locomotives;

3° Des terrains qui servent au déchargement des bestiaux;

4° Des terrains qui entourent les bâtiments, jusqu'à concurrence d'une quantité égale à la surface de ces bâtiments, bien que souvent la disposition des lieux ne laisse pas une telle surface autour de chaque bâtiment,

5° Des terrains sur lesquels se trouvent les rails et les plaques tournantes conduisant aux remises et aux ateliers de réparation du matériel roulant,

Et en outre d'imposer;

6° Ces rails et ces plaques tournantes;

7° Le pavage de tous ces terrains;

8° Les murs de soutenement des terres;

9° Les aqueducs, les égouts et les tuyaux de conduites d'eau pour l'assainissement de la gare et de la voie, les tuyaux de conduite de gaz pour l'éclairage de la gare et de la voie enfouis dans le sol de la gare.

La question ne saurait être douteuse pour les terrains qu'on appelle chantiers, pour ceux sur lesquels sont déposés les combustibles destinés aux locomotives, pour ceux qui servent au déchargement des bestiaux, ni pour les pavages de tous ces terrains. Ce ne sont ni des bâtiments, ni des magasins; il n'y là ni charpente, ni toiture; ces terrains sont une dépendance du chemin de fer; ils sont compris dans l'intérieur de la clôture dont le chemin doit être pourvu d'après l'article 4 de la loi du 15 juillet

1845; ils sont la propriété de l'État auquel la Compagnie doit les remettre en bon état à l'expiration de la concession si elle ne veut pas s'exposer à voir mettre saisie-arrêt sur les revenus du chemin de fer pendant les cinq dernières années de la concession, comme le porte l'article 71 du cahier des charges. Ainsi, le revenu net imposable de ces terrains doit être calculé sur le taux de celui des meilleures terres labourables de la commune lors de la confection d'un nouveau cadastre, et, jusque-là, rester invariable, conformément à la loi du 15 septembre 1807.

L'expert de l'Administration se fonde sur un prétendu arrêt du conseil d'État, en date du 24 mars 1831, d'après lequel les chantiers devraient être imposés suivant la valeur locative qu'ils peuvent produire, et non simplement comme superficie enlevée à l'agriculture.

C'est la première fois que l'expert de l'Administration se hasarde à citer un acte officiel, et il est à regretter qu'il se soit laissé complétement induire en erreur, quant à la forme et quant au fond.

Quant à la forme, l'acte qu'il cite n'est pas un arrêt du conseil d'État, mais une simple décision ministérielle.

Quant au fond, il ne s'agissait pas, comme dans l'espèce, de savoir si on peut rehausser l'évaluation cadastrale d'un terrain sur le motif qu'il aurait été converti en chantier. Il s'agissait, au contraire, de faire le cadastre d'une commune, et le directeur des contributions directes du département de l'Ain posait au directeur de l'administration des contributions directes cette question :

Comment convient-il d'évaluer les prés qui ne se fauchent point, qui servent de champ de foire, et qui ne donnent d'autre produit que celui de la location qu'en perçoivent les propriétaires pour l'étalage de la marchandise?

Le directeur de l'Administration répondait le 24 mars 1834 :

Cette question se trouve résolue par une décision ministérielle conçue ainsi qu'il suit :

« Sont pareillement estimés, suivant la valeur locative
» qu'ils peuvent produire, et non simplement en raison
» de la superficie enlevée à la culture, les terrains non
» cultivés et qui ont une destination particulière pour un
» genre de commerce ou d'industrie quelconque, tels
» que chantiers, hangars, etc., etc. »

Le nom du département *Ain* qu'on a pris pour *arrêt* explique l'erreur quant à la forme de l'acte.

Quant à l'erreur de fond, je ne puis vraiment l'expliquer, car il n'y a aucune analogie entre le cas pour lequel la question était posée et celui dans lequel nous nous trouvons.

La révision des évaluations de Paris, qu'on exécute en ce moment, va remettre cette question sur le tapis. Pour prévenir de nouvelles réclamations, je dois ajouter quelques observations à ce sujet.

Je suppose qu'un propriétaire possède, au moment de la confection du cadastre, des terrains qu'il loue comme champ de foire, ou pour y établir des dépôts et opérer la vente de bois, de charbons de bois ou de terre, de tonneaux, etc., et que ces terrains sont portés dans la matrice suivant le loyer qu'ils produisent. Plus tard, il ne peut pas en tirer le même revenu, soit parce que le champ de foire a été transporté ailleurs, soit parce que, par une circonstance quelconque, ces terrains ne sont plus convenablement placés pour y opérer la vente des

bois, des charbons de bois et de terre, des tonneaux, etc.,
qu'on y déposait précédemment.

En vertu de la loi du 15 septembre 1807, le revenu
cadastral de ces terrains ne peut plus être modifié, car il
ne s'agit pas, comme le veut l'article 37 de cette loi, d'une
surtaxe provenant de ce que des propriétés auraient dis-
paru par un événement extraordinaire. Cependant, le
revenu net de ces terrains qui, au lieu de n'être que de
300 francs par hectare, comme à Bercy, par exemple,
aurait été porté à 4,000 francs, même à 10,000 francs par
hectare, ou 1 franc par mètre, et il faudrait que le propriétaire payât, jusqu'à la confection d'un nouveau cadastre, sur un revenu infiniment plus élevé que le revenu
réel qu'il tirerait de sa propriété !

Ceci prouve qu'il n'est pas aussi facile qu'on le croit
d'ajouter aux prescriptions d'une loi sans s'écarter des
principes de justice et d'équité qui l'ont dictée. Il faut
d'abord se pénétrer de son esprit, chose qu'on néglige
presque toujours. Ce n'est pas sans motif que le législateur a prescrit que toute maison, bâtiment, usine, manufacture, enfin, toute propriété bâtie serait évaluée en
deux parties, savoir : la superficie, sur le pied des meilleures terres labourables de la commune, et l'élévation
d'après la valeur locative, déduction faite de l'estimation
de la superficie. Si la maison, bâtiment, usine ou manufacture est démoli, on supprime le revenu de l'élévation,
et il reste celui du sol. Mais on ne peut pas faire les mêmes opérations pour les terrains d'étendage, les chantiers, etc., auxquels on avait attribué un revenu très-
élevé qu'ils ne donnent plus lorsque, par une circonstance
quelconque, indépendante de la volonté du propriétaire,
ils cessent d'être des terrains d'étendage, des chan-

tiers, etc. Le revenu qu'ont produit momentanément ces terrains est un revenu industriel qui ne doit pas être atteint par la contribution foncière, et c'est pour ce motif que l'expert de la Compagnie a rappelé la décision d'après laquelle les prés employés au blanchissage des toiles, ne doivent être évalués que d'après leur valeur naturelle comme prés, sans avoir égard au produit de la blanchisserie qui est purement industriel.

Au surplus, indépendamment de tous ces motifs, la Compagnie aurait à faire valoir, dans le cas d'un nouveau cadastre, l'article du cahier des charges, d'après lequel la contribution foncière des terrains occupés par le chemin de fer et par ses dépendances doit être calculée, comme pour les canaux, sur le pied des terres labourables de première classe de la commune.

Il est superflu de dire que le pavage de tous les terrains, appelés chantiers, de ceux sur lesquels sont déposés les combustibles pour les locomotives, de ceux qui servent au déchargement des bestiaux, auxquels l'expert de l'Administration a cru pouvoir attribuer une valeur locative, doit suivre la condition des terrains eux-mêmes. Ce ne sont d'ailleurs là ni des bâtiments, ni des magasins, et ce pavage ne saurait être imposable.

Cours des bâtiments.

Je regrette d'être obligé de revenir sur cet effort d'imagination si extraordinaire, de la part de l'expert de l'Administration, qui consiste à supposer qu'il y a autour de chaque bâtiment, une cour avec clôture d'une surface égale à celle du bâtiment lui-même, bien qu'il n'y ait ni cour, ni clôture, ni même, pour plusieurs bâtiments, la

possibilité d'en établir une présentant une surface même
moindre. Ainsi que je l'ai fait remarquer à ce sujet dans
mes observations sur la réclamation relative à la contribution des patentes, les incroyables suppositions de l'expert de l'Administration tombent devant la réalité. La
Compagnie a, dans l'arrière-gare, des hangars à charbon
qu'elle loue aux négociants, et la location ne comprend
aucune espèce de cour, ni en avant, ni en arrière, ni sur
les côtés. On ne saurait donc prétendre, comme le fait
l'expert de l'Administration, que, si la Compagnie voulait mettre en location les bâtiments servant à l'exploitation des chemins de fer, hypothèse d'ailleurs tout-à-fait
inadmissible puisqu'ils ont une destination spéciale, dont
on ne peut les détourner, dont M. le ministre des travaux
publics ne permettrait pas qu'on les détournât, il faudrait
annexer, comme cour, une partie des terrains environnant ces bâtiments. L'erreur de l'expert de l'Administration vient de ce qu'il s'est obstiné à ne consulter ni la loi
ni le cahier des charges. Il y aurait vu que la surface de
la gare est une dépendance de la voie publique. Si, par
impossible, les bâtiments non destinés à être loués étaient
affermés, ils continueraient d'avoir accès sur la voie publique, comme les hangars à charbons, dont je viens de
parler, et que loue la Compagnie. Il ne serait donc pas
nécessaire de leur donner une cour afin qu'ils pussent
communiquer avec cette voie publique.

Les terrains environnant les bâtiments sont des terrains
nus qui forment une dépendance de la voie publique ; ce
ne sont ni des bâtiments, ni des magasins, ils doivent donc
conserver leur revenu net actuel, jusqu'à la confection
d'un nouveau cadastre, conformément à la loi du 15 septembre 1807.

Je n'ai pas besoin de répéter pour le pavage de ces terrains ce que j'ai dit pour celui des chantiers, dépôts de combustibles, etc.

Terrains conduisant aux remises et aux ateliers de réparation du matériel roulant.

J'ai déjà examiné, à l'occasion de la réclamation sur la patente, cette étrange prétention de l'expert de l'Administration d'après laquelle les remises et les ateliers de réparation du matériel roulant, ne feraient pas partie de la concession ; c'est encore une conséquence de l'obstination qu'il a mise à ne vouloir consulter ni la loi, ni le cahier des charges.

Aux termes du cahier des charges des chemins de fer placés sous le régime de la loi du 11 juin 1842, le ministre des travaux publics, au nom de l'État s'engage à livrer à la Compagnie les terrains, les terrassements, les ouvrages d'art, les stations, *ateliers* et maisons de garde, dans les délais et aux conditions fixés.

A l'égard des stations autres que celles qui sont indiquées dans les cahiers des charges, le ministre se réserve d'en déterminer le nombre, l'emplacement et la surface, après les enquêtes d'usage. Les projets de stations, bâtiments ou *ateliers*, ne sont arrêtés par le ministre que la Compagnie entendue.

Ainsi ces ateliers, qu'il plaît à l'expert de l'Administration de déclarer étrangers à la concession, en font tellement partie, que le ministre a même le droit d'en ordonner d'office la création. Il n'a d'autre formalité à remplir que celle d'entendre la Compagnie.

Mais les obligations des Compagnies ne se bornent pas

à faire construire les ateliers de réparation. Elles doivent encore les garnir du matériel nécessaire. On lit en effet dans le cahier des charges :

« La Compagnie s'engage 2° à fournir les machines, locomotives, les voitures de voyageurs, les wagons de marchandises, les grues et engins nécessaires pour le mouvement des marchandises, les pompes et réservoirs d'eau pour l'alimentation des machines, *l'outillage des ateliers de réparation*, et, en général, tout le matériel de transport, de chargement et de déchargement, nécessaire à l'exploitation.

Et ailleurs :

« La Compagnie devra également, dans le même délai, approvisionner tous les objets mobiliers nécessaires au service des stations et du chemin de fer, et spécialement *l'outillage des ateliers de réparation et des forges*, et généralement tous les objets accessoires servant à l'exploitation. »

Mais l'Administration elle-même dans les diverses instructions qu'elle a données à ses agents, depuis la loi du 25 avril 1844, notamment dans celle du 31 juin et 1858, a toujours placé les ateliers de réparations parmi les bâtiments servant à l'exploitation des chemins de fer et faisant partie, par conséquent, de la concession. On lit dans le troisième paragraphe de l'article 45 :

« On distinguera d'ailleurs la valeur locative des locaux servant à l'habitation, passible du droit proportionnel sur le pied du 20°, de celle des locaux occupés par l'Administration, des bureaux de recettes, des salles d'attente, des magasins, des *ateliers* et autres bâtiments servant à l'exploitation, lesquels ne sont passibles du même droit que sur le pied du 40°.

On ne comprend pas comment en présence de textes aussi positifs, l'expert de l'Administration peut persister à faire une distinction entre les divers bâtiments servant à l'exploitation des chemins de fer, prétendre que les uns font partie de la concession, et prétendre que les autres, tels que les remises et les ateliers de réparations du matériel roulant sont en dehors de cette concession.

Ainsi le revenu net imposable des terrains sur lesquels reposent les rails et les plaques tournantes conduisant aux remises et aux ateliers de réparations, ne doit subir aucune modification en vertu du grand principe de la fixité des évaluations cadastrales des propriétés non bâties, consacré par la loi du 15 septembre 1807. On doit aussi leur faire l'application des dispositions du cahier des charges relatives aux terrains de la gare, puisqu'on ne saurait sérieusement prétendre, comme le fait l'expert de l'Administration, que les remises et les ateliers auxquels ils conduisent sont placés en dehors de la concession.

Rails et plaques tournantes.

Quant aux rails et aux plaques tournantes placés sur ces terrains, ils doivent, comme les pavages, suivre la condition des terrains sur lesquels ils reposent; ce ne sont ni des bâtiments, ni des magasins, et, aux termes du cahier des charges, ils ne sauraient être imposables.

Murs de soutenement des terres.

Je dois parler maintenant de ces murs de soutenement des terres, auxquels l'expert de l'Administration a cru pouvoir attribuer une valeur locative, bien qu'ils n'en aient aucune. Ces murs, qui sont séparés des bâtiments et des magasins par de grands espaces de terrains, ont servi à rehausser certaines parties de la surface de la gare, et aujourd'hui ils en soutiennent les terres. Ils doivent suivre la condition des terrains auxquels ils servent d'appui. D'ailleurs, ainsi que l'a fait observer l'expert de la Compagnie, d'après l'article 77 de la loi du 3 frimaire an VII, il ne doit pas être tenu compte dans la fixation du revenu net imposable des terrains clos, des dépenses d'établissement et d'entretien de ces clôtures, quelles qu'elles puissent être. Cette disposition me semble pouvoir être étendue, par analogie, aux murs de soutenement des terrains de la gare.

Aqueducs, égouts, tuyaux pour la conduite des eaux, du gaz.

Les aqueducs, les égouts, les tuyaux de conduite d'eau pour l'assainissement de la gare et de la voie, les tuyaux de conduite de gaz ne font pas partie des bâtiments servant à l'exploitation des chemins de fer. Ils en sont tout à fait indépendants, car ils sont disséminés sur toute la surface de la gare et enfouis dans le sol. Ils doivent donc suivre la condition du sol auxquels ils ne sauraient donner une plus-value en ce qui concerne l'établissement de la contribution foncière. Le revenu net imposable de ce sol doit rester invariable, ansi que le veut la loi du 15 septembre 1807, et dans tous les cas, il ne saurait, s'il était possible de s'écarter du principe de la fixité des évaluations cadastrales des terrains non bâtis, dépasser celui des terrés labourables de première classe. Or les évaluations cadastrales de ces terrains, comme je l'ai dit, sont déjà de beaucoup supérieures à celles de ces terres. D'ailleurs, comme l'a fait observer l'expert de la Compagnie, bien que les aqueducs, les égouts, les conduites d'eau ne soient pas classés par la loi du 3 frimaire an VII parmi les propriétés communales non imposables, jamais l'idée n'est venue de les imposer. Cependant les conduites d'eau sont une source de revenus pour la ville, tandis qu'elles sont, ainsi que les tuyaux pour la conduite du gaz une occasion de dépenses pour la Compagnie. Quant aux tuyaux pour la conduite du gaz, l'Administration a décidé qu'ils ne doivent pas entrer dans l'estimation de la valeur locative pour les fabriques de gaz auxquelles ils donnent cependant un revenu.

Ainsi, en vertu de la loi du 15 septembre 1807, confirmée d'ailleurs par la circulaire de l'Administration des contributions directes du 6 mars 1847, par l'avis du ministre des finances sur le pourvoi formé par la Compagnie du chemin de fer d'Amiens à Boulogne et par l'arrêt du Conseil d'État en date du 3 février 1858, n° 24356 sur ce pourvoi, le revenu net imposable des terrains de la gare non couverts de bâtiments ne doit pas subir de modifications jusqu'à la confection d'un nouveau cadastre. Donc, l'augmentation considérable que l'expert de l'Administration propose de faire subir au revenu net imposable;

1° Des terrains qu'il appelle des chantiers;

2° Des terrains sur lesquels sont déposés des combustibles pour le service des locomotives;

3° Des terrains qui servent au déchargement des bestiaux;

4° Des terrains qui entourent les bâtiments jusqu'à concurrence d'une contenance égale à celle de ces bâtiments, bien que souvent la disposition des lieux ne laisse pas une telle surface autour de ces bâtiments;

5₀ Des terrains sur lesquels se trouvent les rails et les plaques tournantes conduisant aux remises et aux ateliers de réparations du matériel roulant, doit être repoussée et tous ces terrains doivent conserver le revenu net imposable pour lequel ils sont compris actuellement dans la matrice, lequel doit rester invariable jusqu'à la confection d'un nouveau cadastre.

6° Le pavage d'une partie de ces terrains;

7° Les rails et plaques tournantes placés sur une partie de ces terrains;

8° Les murs de soutenement des terrains de la gare;

9° Les aqueducs, les égouts, les tuyaux de conduite d'eau pour l'assainissement de la gare et de la voie, les tuyaux de conduite de gaz pour l'éclairage de cette gare et de cette voie, enfouis dans le sol ;

Ne sauraient être un motif suffisant pour augmenter le revenu net imposable des terrains non bâtis de la gare dont ils sont une partie intégrante, car d'après la loi du 3 frimaire an VII et celle du 15 septembre 1807, cette augmentation ne peut avoir lieu que lorsqu'on élève sur des terrains nus des bâtiments, tels que, des maisons d'habitation, des manufactures, des usines, des forges, des moulins, et autres établissements industriels à l'exclusion des bâtiments ruraux. Or, on ne saurait placer dans cette catégorie des pavages, des rails, des plaques tournantes, des murs de soutenement des terres, des aqueducs, des égouts, des tuyaux pour la conduite des eaux ou pour la conduite du gaz qui sont enfouis dans le sol de la gare, et qu'on n'a jamais songé jusqu'à présent à imposer à la contribution foncière.

Dans tous les cas, si on voulait modifier le revenu net imposable de ces terrains non bâtis, on ne saurait, d'après l'article 38 du cahier des charges, l'élever au-dessus de celui des terres labourables de première classe. Or, la Compagnie est déjà imposée au-dessus de cette proportion pour l'arrière-gare de Bercy, car le revenu net imposable du sol de la gare, composé d'anciens jardins maraîchers est de 270 fr. par hectare, tandis que celui des terres labourables de première classe n'est que de 60 fr.

Enfin, le même article 38 ne permet d'imposer à la contribution foncière, en sus des terrains, que les bâtiments et les magasins. Or, les pavages, les rails et les plaques tournantes, les murs de soutenement des terres, les aqueducs, les égouts, les tuyaux pour la conduite des eaux et pour la conduite du gaz, ne sont pas ces bâtiments et ces magasins servant à l'exploitation du chemin de fer, dont parle l'article 38 du cahier des charges.

Supposons maintenant que malgré ces autorités si imposantes on croie pouvoir soumettre à la contribution foncière les pavages, les rails et les plaques tournantes, les murs de soutenement des terres, les aqueducs, les égouts, les tuyaux pour la conduite des eaux et pour la conduite du gaz, on se mettrait en opposition avec l'arrêt du Conseil d'État du 9 janvier 1861, no 31,612, sur le pourvoi formé par MM. Nugues et Salles, propriétaires à Ecouché (Orne). Je ne reproduirai pas l'exposé de cette affaire qui a été fait par l'expert de la Compagnie dans son rapport. Je me bornerai à dire que le Conseil d'Etat a décidé que dans la vérification d'une demande en réduction de contribution foncière, on ne peut faire entrer dans le revenu rectifié celui d'un article omis à la matrice cadastrale ; dans l'espèce, que MM. Nugues et Salles n'étant imposés que pour 4 fours à chaux, bien qu'ils en possédassent 5, le Conseil de préfecture de l'Orne avait eu tort, en fixant le revenu cadastral des fours appartenant à ces propriétaires, de comprendre dans son évaluation le revenu du cinquième four qui ne figurait pas dans la matrice cadastrale et n'était pas imposé.

Les pavages des terrains de la gare,

Les rails et les plaques tournantes conduisant aux remises et aux ateliers de réparation du matériel roulant,

Les murs de soutenement des terrains de la gare,

Les aqueducs, les égouts, les tuyaux pour la conduite des eaux et pour la conduite du gaz ne sont pas imposés aujourd'hui.

En conséquence, on ne saurait, d'après l'arrêt du 9 janvier 1861, les faire entrer dans la vérification du revenu net imposable sur lequel la contribution est établie.

La même observation s'applique aux articles ci-après qui ne sont pas imposés aujourd'hui.

1° Les cabinets d'aisances entièrement isolés des bâtiments servant à l'exploitation ;

2° Les bascules avec les guérites placées à côté. Ces guérites étant d'ailleurs posées sur le sol et mobiles, ne sont pas imposables à la contribution foncière ;

3° Une partie de l'outillage immobilisé;

4° L'horloge électrique de l'arrière-gare de Bercy ;

5° Les corps de garde, les bâtiments de l'octroi de l'arrière-gare de Bercy, ainsi que le pavillon du gardien qui, étant mobile, n'est pas imposable à la contribution foncière.

Cette constatation sera faite facilement pour les articles situés sur le territoire de l'ancienne commune de

Bercy, parce que chaque bâtiment a un article séparé sur la matrice cadastrale de cette commune. Elle ne pourra être faite pour les articles situés sur l'ancien territoire de Paris que par induction, comme l'a établi l'expert de la Compagnie, parce que tous les bâtiments et le sol de la gare sont confondus en un seul article. Mais cette induction repose sur les valeurs locatives détaillées de chaque bâtiment, servant de base au droit proportionnel de la patente, que s'est procurées la Compagnie. D'ailleurs, si les agents de la direction refusaient de donner la communication qu'ils doivent faire à cet égard, la Compagnie, avertie par la connaissance qu'elle prendra du dossier au greffe du conseil de préfecture, s'empresserait de faire les réquisitions nécessaires à ce sujet. On ne saurait refuser de lui faire connaître les bases détaillées sur lesquelles elle est imposée, alors que M. le comte de Persigny vient de faire rendre un décret qui introduit dans la distribution de la justice administrative une amélioration signalée avec tant de sagesse par l'Empereur Napoléon Ier lorsqu'il disait : « Il y a un grand vice dans le jugement » des affaires contentieuses ; c'est qu'elles sont jugées ⸻ sans entendre les parties. »

Je viens de signaler les modifications qui doivent être faites au travail de l'expert de l'Administration, les unes parce qu'il propose d'augmenter le revenu net imposable des terrains non bâtis qui, d'après la loi du 15 septembre 1807 et l'arrêt du Conseil d'État du 3 février 1853, doit rester invariable ; les autres parce qu'il propose de soumettre à l'impôt des objets qui, d'après la loi du 3 frimaire an VII et le cahier des charges ne sont pas imposables ou qui, d'après l'arrêt du Conseil d'État du 9 janvier 1861, n'étant pas aujourd'hui imposés, ne doivent pas entrer dans la vérification de la contribution qui fait l'objet de la réclamation.

J'aborde maintenant un autre ordre d'idées. Je vais examiner les erreurs de calcul qui existent dans le travail de l'expert de l'Administration.

Ces erreurs sont de deux sortes : les unes existent dans la fixation des éléments de la valeur locative; les autres dans les modifications qu'il a fallu faire subir à cette valeur locative pour arriver au revenu net imposable. Je vais signaler d'abord celles de la première catégorie.

Première erreur.

La valeur locative du sol doit être établie d'après la valeur des terrains en 1852, époque de la dernière révision des bases de la contribution foncière. L'expert de la Compagnie a pris pour base la moyenne du prix des terrains achetés de 1852 à 1860, ce qui produit une petite augmentation. Il a fait ses calculs pour la gare de Paris sur un prix moyen de 12 fr. 32 c. par mètre, tandis que le prix des terrains en 1852 n'était que de 11 fr. 37 c.; et pour l'arrière-gare de Bercy sur un prix moyen de 6 f. 91 c., tandis que le prix des terrains en 1852 n'était que de 6 fr. 30 c. L'expert de la Compagnie avait cru d'abord pouvoir se dispenser, par esprit de conciliation, comme il le dit, d'avoir égard à cette légère différence. Mais lorsqu'il a vu l'expert de l'Administration proposer de soumettre à l'impôt, pour de sommes très-élevées, des objets qui ne sont pas imposables, en présence de ces énormes augmentations que rien ne justifie, il n'a pas cru pouvoir négliger de légères diminutions qui sont parfaitement justifiées.

Seconde erreur.

L'expert de l'Administration prétend que le prix des matériaux de construction a augmenté de 10, 50 p. 100 depuis 1852, et lorsqu'il s'est agi de la contribution des patentes, il a fait subir cette augmentation à l'évaluation de tous les bâtiments. Aujourd'hui, pour la vérification de la contribution foncière, il faut revenir aux prix de 1852, époque où a été faite la dernière révision des revenus imposables fonciers. Mais plusieurs bâtiments, dans la gare et dans l'arrière-gare, ont été construits depuis 1852. Leur valeur de construction a donc subi une partie de cette augmentation de 10, 50 p. 100. En conséquence on aurait dû faire sur la valeur de construction de ces bâtiments une diminution proportionnée au nombre d'années qui se sont écoulées depuis 1852 jusqu'à l'époque de la construction.

Troisième erreur.

En faisant l'évaluation des aqueducs, égouts, conduites d'eaux, conduites de gaz, murs de soutenement des terres, pavages, etc., l'expert de l'Administration, qui a établi ces évaluations d'office, les a calculées sur les prix de 1860. On voit en effet que lorsqu'il s'est agi de la contribution des patentes, il ne leur a pas fait subir le rehaussement de 10, 50 p. 100. Puisqu'il faut, pour établir la contribution foncière, revenir aux prix de 1852, il aurait dû faire subir une réduction proportionnelle à ces évaluations de 1860 qu'il a cependant maintenues.

Après avoir retranché du travail de l'expert de l'Ad-

ministration les terrains non couverts de bâtiments dont
le revenu net imposable doit rester invariable, en vertu
des dispositions de la loi du 15 septembre 1807, et de
celles de l'arrêt du Conseil d'État du 3 février 1853,
ainsi que les objets qui ne sont pas imposables en vertu
des mêmes dispositions et de celles de la loi du 3 frimaire
an VII et du cahier des charges, enfin ceux qui ne doivent pas être compris dans la vérification de la cote, objet
de la réclamation, en vertu de l'arrêt du Conseil d'État
du 9 janvier 1861, après avoir rectifié les diverses erreurs de calcul que j'ai signalées, il reste à déterminer le
taux de la déduction qui doit être faite sur la valeur locative, en considération du dépérissement et des frais
d'entretien et de réparations.

Taux de la déduction pour dépérissement, entretien et
réparations.

Ainsi que l'a expliqué l'expert de la Compagnie, ni
les bâtiments spéciaux servant à l'exploitation des chemins de fer, ni rien d'analogue n'existait à l'époque où
fut faite la loi du 3 frimaire an VII. Ces bâtiments n'ont pu
être classés dans l'une des deux grandes catégories qu'elle
établit pour fixer la quotité de la déduction à faire sur le
revenu brut, en considération du dépérissement et des
frais d'entretien et de réparations. Puisque c'est la rapidité du dépérissement, l'importance des frais d'entretien
et de réparations, qui a fait élever la déduction pour les
établissements industriels, il s'agit, pour établir l'assimilation, de vérifier quelles sont les constructions, maisons
d'habitation ou établissements industriels, avec lesquels
les bâtiments spéciaux servant à l'exploitation des che-

mins de fer, ont, sous ce rapport, le plus d'analogie.
L'expert de l'Administration ne veut faire subir la déduction du tiers qu'aux ateliers des forges, de l'ajustage,
du montage, de la chaudronnerie, du charronnage, de la
carrosserie. Il considère tous les autres bâtiments comme
de simples maisons d'habitation, sans tenir compte du dépérissement plus rapide que leur occasionnent les oscillations qu'ils éprouvent par suite du passage de trains
lourdement chargés, leur contact avec des locomotives
en feu, avec tout le matériel roulant, le chargement et le
déchargement des marchandises, ainsi que les réparations
plus nombreuses, et l'entretien plus coûteux qui en résultent.

L'expert de l'Administration n'est pas dans l'usage de
baser son travail sur des actes officiels tels que les lois,
le cahier des charges, les arrêts du Conseil d'État, etc.
Dans les cas extraordinairement rares où il le fait, c'est
toujours à faux, comme je l'ai déjà fait voir pour le prétendu arrêt du Conseil d'État du 24 mars 1831, relatif
aux chantiers. A l'occasion de la déduction pour dépérissement, réparations et entretien, il dit : « Le législateur
a voulu que tous les immeubles dans lesquels se trouve
un outillage tel que machines à vapeur, marteaux-pilons,
scies mécaniques, tours, outils à percer, etc., qui donnent à l'immeuble un ébranlement continuel par leur
marche prompte, subissent la réduction du tiers. C'est là
sans doute sa seule volonté, et elle est on ne peut plus
manifeste. »

Malheureusement pour l'expert de l'Administration,
le législateur, dont il se charge d'interpréter la volonté,
qu'il trouve si manifeste, lorsqu'il la croit en harmonie
avec ses vues, ne pouvait guère être déterminé, comme

il le dit , par l'ébranlement continuel que les machines à vapeur, marteaux-pilons, scies mécaniques, tours, outils à percer, etc., impriment à certains immeubles, car cette loi remonte au 3 frimaire an VII, et il y a soixante-trois ans, on ne songeait guère ni aux machines à vapeur, ni aux marteaux-pilons, ni à toutes les machines-outils d'une grande puissance, auxquelles la vapeur imprime le mouvement. Lorsque l'expert de l'Administration se hasarde à citer une loi ou un arrêt du Conseil d'État, il devrait au moins en rechercher, pour la loi, la date, et, pour les arrêts, les circonstances dans lesquelles ils ont été rendus. De telles autorités ne doivent pas être invoquées avec autant de légèreté. Cette étude lui épargnerait de graves erreurs, et il sait bien que je suis disposé à relever toutes celles qu'il fera.

Sans remonter à la loi du 3 frimaire an VII, époque à laquelle on ne croyait certes pas qu'on pourrait utiliser la vapeur pour les travaux de l'industrie, comme elle l'est aujourd'hui, l'expert de l'Administration aurait dû s'arrêter à la loi du 25 avril 1844. Il aurait vu que le législateur, en établissant le droit proportionnel de la taxe de patente des chemins de fer au 40me de la valeur locative, comme pour les établissements industriels, les assimilait à ces derniers établissements, et que, par conséquent, il était naturel qu'on fît pour la contribution foncière ce qu'on fait pour la contribution des patentes, et qu'on opérât, sur la valeur locative des bâtiments spéciaux servant à l'exploitation des chemins de fer, la déduction du tiers.

Ce fait est beaucoup plus concluant que les raisonnements de l'expert de l'Administration, qui reposent sur une base entièrement fausse. Je me réfère d'ailleurs à ce qu'a dit à ce sujet l'expert de la Compagnie, et je pense comme lui qu'on doit faire la déduction du quart sur la valeur locative des bâtiments qui servent à l'habitation, aux bureaux, ou qui ne sont pas mis en contact avec le matériel roulant, et que, pour tous les autres, on doit faire subir à leur valeur locative une déduction du tiers.

Il me reste maintenant à relever les erreurs de calcul que l'expert de l'Administration a faites en opérant la transformation de la valeur locative en revenu net imposable matriciel.

Il existe une erreur générale qui s'est produite dans les quatre parties du travail, et des erreurs spéciales dans les deuxième, troisième et quatrième parties. Mais celle de la troisième partie est de peu d'importance, et je la négligerai.

Erreur générale.

Cette erreur vient de ce que l'expert de l'Administration, après avoir retranché le revenu matriciel du revenu net des terrains qui, selon lui, forment cour, chantier, etc., cumule le revenu net ainsi réduit avec celui des bâtiments et celui qu'il attribue aux rails, plaques tournantes, aqueducs, égouts, conduites d'eau et de gaz, murs de soutenement, pavages, etc., et puis fait subir au total la proportion d'atténuation des évaluations cadastrales. Comme cette atténuation est de 25 p. 100 pour l'ancien Paris et de 80 p. 100 pour l'ancien Bercy, il enlève pour les uns 25 p. 100 et pour les autres 80 p. 100 de la réduction à faire pour le revenu de ces terrains porté dans la matrice, et par suite il augmente d'autant le revenu net imposable qu'il propose d'assigner à chacune des parties de la gare ou à chaque article du rôle.

Voici, au surplus, pour la première partie, la manière dont a opéré l'expert de l'Administration et celle dont il aurait dû opérer :

Revenu net imposable des bâtiments.... 217,095 fr.

Idem des terrains formant cours, chantiers, emplacement des rails, déduction faite du revenu cadastral de 54,700 mètres. 20,375

(Là se trouve l'origine de l'erreur. Il ne devait pas faire ici la déduction du revenu cadastral de ces terrains, puisqu'il ne l'a pas faite pour les bâtiments.)

Idem rails, murs de soutenement, aqueducs, eaux, gaz, pavages, etc........ 39,691

(Ces articles ne figurant pas à la matrice, il n'y a pas eu de déduction du revenu cadastral à faire.)

$$\overline{}\ 277,161\ \text{fr.}$$

25 p. 100 à déduire pour l'atténuation du revenu cadastral................. 69,290

(Là est la seconde partie et le complément de l'erreur. On déduit le quart d'un revenu dont on a déjà retranché le revenu matriciel des terrains, tandis que c'est sur le revenu net que la réduction aurait dû être faite. D'où il résulte qu'il y a perte pour la Compagnie d'une somme égale au quart du revenu matriciel des terrains qui

A reporter....... 207,871 fr.

Report. . . . . .   207,871 fr.

ne subit pas la réduction pour atténuation
du revenu cadastral.)

Reste. . . . .   207,871 fr.
Revenu matriciel du sol des bâtiments. . .   1,968

Reste. . . . .   205,903 fr.

Voici comment l'expert de l'Administration aurait dû opérer :

Revenu net imposable des bâtiments. . . .   217,095 fr.
Idem des terrains formant cours, chantiers,
     emplacement de rails, etc.   22,744
     (Sans déduire le revenu cadastral de ces
terrains, par la même raison qu'on n'a
pas déduit celui des bâtiments.)
Idem rails, murs de soutenement, aque-
     ducs, eaux, gaz. pavages, etc.   39,691

Total. . . . .   279,530 fr.
Réduction de 25 p. 100 pour atténuation
     des évaluations cadastrales.   69,882

Reste. . . . .   209,648 fr.
A déduire le revenu matriciel
     du sol des bâtiments. . . . . . 1,968 fr.   4,337
Idem des terrains non bâtis. . . 2,369

Reste. . . . .   205,311 fr.

La différence est de 592 fr. de revenu net imposable
au préjudice de la Compagnie.

Sur la deuxième partie, la différence est de   626 fr.

Sur la troisième, de.................... 74 fr.
Et sur la quatrième, de............... 122 fr.

Erreur de la deuxième partie.

Le revenu net des terrains formant cour et chantier, d'après l'expert de l'Administration, est, après la déduction de leur revenu matriciel, de 6,067 fr. Cependant il établit ses calculs comme si ce revenu était de 8,067 fr. D'où il résulte une erreur de 2,000 fr., qui produit une augmentation de 400 fr. de revenu matriciel au préjudice de la Compagnie.

Je passe sur la légère erreur de la troisième partie.

Erreur de la quatrième partie.

Le revenu net imposable est de 12,099 fr. L'expert de l'Administration retranche 182 fr. pour le revenu matriciel du sol des bâtiments. Il a pris par erreur le chiffre de l'expert de la Compagnie, qui n'admet comme devant entrer dans la vérification de l'impôt que des bâtiments d'une contenance de 6,730 mètres. Quant à lui, qui opère sur des bâtiments d'une contenance de 6,916 mètres, il aurait dû retrancher 187 fr.; mais ce n'est là qu'une erreur de peu d'importance. En retranchant les 182 fr. de 12,099 fr., il porte pour reste 12,917, plus que la somme sur laquelle la soustraction a été opérée. C'est 11,917 fr. qu'il aurait dû dire.

Or, ceux des bâtiments compris dans cet article qui sont portés dans la matrice cadastrale, y figurent : l'un, la halle aux vins, pour un revenu de 10,700 fr.; l'autre, la maison de la traction, pour un revenu de 2,190 fr.

(Les deux bureaux d'octroi ne sont pas portés à la matrice cadastrale.) Total, 12,890 fr. Avec le revenu erroné de 12,917 fr., la Compagnie n'est pas surchargée. Il y a, au contraire, à son avantage, une différence de 27 fr. dans le revenu matriciel. Mais, avec le revenu rectifié de 11,917 fr., il y a surcharge de 973 fr.

Grâces soient donc rendues à cette bienheureuse erreur qui fait que, si on adoptait les propositions de l'expert de l'Administration, malgré les nombreux vices dont elles sont entachées, sur tant de bâtiments imposés à la contribution des patentes et à la contribution foncière situés, tant sur l'ancien territoire de Paris que sur l'ancien territoire de Bercy, il y aurait au moins une cote, celle de la contribution foncière de la halle aux vins, pour laquelle la Compagnie aurait droit à une réduction.

J'ignore si quelques-unes de ces erreurs ont été rectifiées ; mais j'affirme qu'elles existaient lorsque les états des évaluations ont été signés par les deux experts. D'ailleurs, s'il y a eu rectification, ces états doivent en porter la trace.

Je me résume.

Par l'effet de deux erreurs matérielles dans l'établissement de la contribution foncière, la Compagnie éprouve deux très fortes surtaxes : l'une, sur l'embarcadère des voyageurs, à Paris ; l'autre, sur la grande halle aux vins de Bercy.

On a cru qu'on pourrait compenser ces erreurs :

1° En augmentant dans des proportions énormes le revenu matriciel des terrains non bâtis des deux gares, bien que la loi du 15 septembre 1807 ait ordonné la fixité de l'évaluation cadastrale des terrains non bâtis, et que l'arrêt du Conseil d'Etat du 3 février 1853 ait fait l'application de ce principe à la gare d'Amiens;

2º En proposant d'imposer les pavages de ces terrains, les rails et les plaques tournantes conduisant aux remises et aux ateliers de réparation du matériel roulant, les aqueducs, les égouts, les conduites d'eau, les conduites de gaz, les murs de soutenement des terres, bien que, d'après la loi du 3 frimaire an VII, et le cahier des charges de la Compagnie, ces objets ne doivent pas être imposés, et que, d'après l'arrêt du Conseil d'Etat du 9 janvier 1861, affaire Nugues et Salles, d'Ecouché (Orne), tous ces objets, aujourd'hui non portés dans la matrice cadastrale, ne doivent pas entrer dans la vérification de la cote sur laquelle porte la réclamation ;

3º En faisant entrer dans la vérification de la cote des bâtiments imposables, mais non compris dans la matrice cadastrale, bien que, d'après l'arrêt précité, ils ne doivent pas entrer dans cette vérification ;

4º En ne faisant subir à la valeur locative de la presque totalité des bâtiments qu'une réduction du quart, bien que de nombreuses causes de dépérissement, la fréquence des réparations, et des dépenses considérables d'entretien, doivent les faire assimiler aux bâtiments sur la valeur locative desquels la loi du 3 frimaire an VII prescrit de faire une déduction du tiers, et que d'ailleurs la loi du 25 avril 1844 ait résolu indirectement la question en établissant le droit proportionnel des bâtiments servant à l'exploitation des chemins de fer au 40e de la valeur locative, comme pour les établissements industriels, tandis que, pour les maisons d'habitation, cette proportion est du 15e et du 20e.

J'ai signalé les nombreuses erreurs que l'expert de l'Administration a faites :

1° En calculant la valeur du sol sur la moyenne des prix d'acquisition de 1852 et 1860, tandis qu'il aurait dû la calculer sur les prix de 1852;

2° En prenant les prix de construction des bâtiments construits postérieurement à 1852, tandis qu'il aurait dû leur faire subir une réduction pour les ramener aux prix de 1852;

3° En prenant pour les aqueducs, les égouts, les conduites d'eau, les conduites de gaz, les pavages, les murs de soutenement des terres, etc., les prix de construction de 1860, tandis qu'il aurait dû prendre les prix de 1852;

4° Enfin, en faisant de nombreuses erreurs de calcul.

Ce travail, loin d'être basé sur des dispositions de lois ou sur des arrêts du Conseil d'État, viole au contraire toutes celles qui régissent la matière. Il ne pourrait d'ailleurs être utilement consulté qu'après la rectification de toutes les erreurs que j'ai signalées. Je pense, en conséquence, que ce travail, dans l'état où il est actuellement, ne mérite aucune confiance.

Le travail de l'expert de la Compagnie, au contraire, basé, comme celui de l'expert de l'Administration, sur le prix d'achat des terrains et sur la valeur de construction des bâtiments, qu'ils ont établi en commun, mais qui remonte aux prix de 1852, afin d'être en harmonie avec le revenu de toutes les autres propriétés portées dans la matrice cadastrale, est basé sur les lois et sur les arrêts du Conseil d'État qui régissent ces matières. Il ne contient pas un seul chiffre, une seule proposition, qu'on ne puisse justifier en consultant ces actes officiels. Je pense, en conséquence, que ce travail, établi avec le plus grand soin et la plus grande exactitude, doit obtenir la préférence.

OBSERVATIONS supplémentaires du représentant de la Compagnie des chemins de fer de Paris à Lyon et à la Méditerranée sur le second rapport de l'expert de l'Administration relatif à la vérification de la valeur locative et du revenu net imposable pour lesquels la gare de Paris et l'arrière-gare de Bercy sont comprises dans les rôles de 1861.

Le second rapport de l'expert de l'Administration ne donne aucune explication de quelque valeur sur sa manière d'opérer, ni sur ses évaluations ; et, si je dis un mot à ce sujet, c'est afin qu'on ne pense pas que je passe condamnation sur tous les points dont il parle.

Déduction pour dépérissement, etc.

Il veut justifier sa déduction du quart au lieu du tiers pour dépérissement, frais d'entretien et de réparations sur la valeur locative des rotondes, remises de wagons et de locomotives, halles de chargement et de déchargement, etc, en disant que chez les entrepreneurs de diligence et de roulage la valeur locative des bâtiments analogues ne subit que la déduction du quart. — Mais y a-t-il quelque analogie entre ces bâtiments et les bâtiments des chemins de fer, traversés par des locomotives en feu qui répandant sur les murs et les charpentes, leur vapeur, leur fumée altèrent, dévorent les pierres, les bois, les fers qu'elles touchent, et qui sont d'ailleurs sans cesse ébranlés par les oscillations causées par le passage des trains lourdement chargés. Cette comparaison, en faisant ressortir la différence qui existe entre ces deux natures de bâtiments, loin de justifier la déduction du quart démontre, au contraire, la nécessité d'opérer la déduction du tiers.

Taux d'intérêt.

Il dit que si, pour la contribution foncière, on n'a calculé la valeur locative qu'à raison de 5 p. 100 de la valeur capitale, c'est parce qu'il suffit d'établir l'impôt dans la même proportion pour tous les contribuables; tandis qu'en prenant 6 p. 100 pour les patentes, il a dû établir le rapport qui existe réellement entre la valeur capitale et la valeur locative.

Si on n'a adopté que le taux de 5 p. 100 pour la contribution foncière, c'est parce qu'en réalité on ne place pas à un taux plus élevé en acquisition et surtout en construction de propriétés bâties. La conscience publique est parfaitement édifiée à cet égard. Le taux de 6 p. 100 n'a été adopté pour la contribution des patentes que pour élever la valeur locative. Au surplus, comme je l'ai dit, je me réserve de présenter des conclusions motivées au conseil de préfecture, lorsque le moment de juger la réclamation sera arrivé, pour qu'il se fasse remettre le carnet des commissaires répartiteurs et des contrôleurs et on verra si ce n'est pas le taux de 5 p. 100 dont on se sert, à l'égard des patentables qui sont propriétaires de leurs établissements, pour en fixer la valeur locative. Je me réfère au surplus à ce que j'ai dit au sujet des circonstances particulières telles que, la bonne qualité des matériaux, les travaux d'urgence, la grande quantité de matériel nécessaire pour exécuter les travaux des chemins de fer, l'importance de la responsabilité pour les malfaçons, etc, pour démontrer que le placement des capitaux en construction de ces bâtiments revient à un taux sensiblement inférieur à celui des autres propriétés bâties.

Chantiers.

La question des chantiers, sur laquelle revient l'expert de l'Administration, a été tranchée par l'arrêt du Conseil d'Etat du 23 juin 1849, relatif à la gare du Champ-de-Mars, à Nimes ; par l'article 45 de l'instruction du 31 juillet 1848, qui, en donnant la nomenclature des objets qui doivent entrer dans l'évaluation de la valeur locative, ajoute : *en un mot, tout ce qui est propriété bâtie.* Cet article ne fait, au surplus, que confirmer les engagements réciproques pris par l'Etat et par les Compagnies, au sujet des contributions directes que celles-ci auront à supporter, engagements sanctionnés par des lois spéciales.

La surface des terrains occupés par le chemin de fer et par ses dépendances, ne doit supporter qu'une seule contribution : la contribution foncière. Les bâtiments et les magasins dépendant de l'exploitation doivent seuls supporter toutes les contributions auxquelles ils pourront être soumis. Je pourrais aussi invoquer l'article 13 de la loi du 4 juin 1858.

Le grand vice du travail de l'expert de l'Administration vient de ce qu'il ne s'appuie ni sur la loi, ni sur les arrêts du Conseil d'Etat, ni sur les engagements contractés par l'Etat et par les Compagnies, dans le cahier des charges, de sorte que ce travail se trouve en opposition avec tous ces actes officiels, qui auraient dû être son seul guide.

15

Cours.

L'expert de l'Administration revient sur la question des cours qu'il crée par la pensée autour de chaque bâtiment. Il prétend qu'elles sont délimitées par des talus, des barrières, des constructions. Ce sont précisément ces constructions, ces talus, qui, ainsi que je l'ai dit, et que l'a dit l'expert de la Compagnie, ne permettent pas d'annexer à chaque bâtiment la cour dont l'expert de l'Administration le gratifie. Ces talus n'ont nullement été établis pour former des cours. Ils sont purement et simplement le résultat de l'exhaussement de la surface de la gare pour la porter au niveau de la voie ferrée; et, quant aux prétendues barrières, ce ne sont que des garde-fous qu'on a placés au sommet de ces talus pour empêcher de rouler en bas. Il faut, avant tout, dire la vérité.

La grande erreur de l'expert de l'Administration, en ce qui concerne les prétendues cours, vient de ce qu'il ne veut pas se rappeler que la surface de la gare est une dépendance de la voie publique. Il dit : Mais il faut pouvoir aborder ces bâtiments; il faut qu'ils puissent prendre sur une cour l'air qu'on y respire, la lumière qui les éclaire. Mais c'est par la surface de la gare, dépendance de la voie publique, qu'on y a accès ; c'est par la surface de la gare, dépendance de la voie publique, qu'ils reçoivent l'air et la lumière. Il n'y a donc pas de cours à ajouter à ces bâtiments. Ainsi que je l'ai déjà dit, ils sont, à l'égard de la gare, dans la même position que le grand hôtel du Louvre à l'égard des rues de Rivoli, de Marengo, Saint-Honoré et de la place du Palais-Royal.

Il dit : Mais de la manière dont nous avons opéré nous n'avons évalué que les matériaux sans tenir compte de

l'emplacement. Il faut donc porter en addition la valeur
des cours.

Mais on a tenu compte de l'emplacement en ajoutant
à la valeur des constructions celle du sol. L'expert de
l'Administration a-t-il donc oublié qu'il a porté dans ses
évaluations 1,015,655 fr., pour la valeur du sol des
bâtiments de la gare de Paris et 411,016 fr., pour celui
de l'arrière-gare de Bercy? La valeur de ce sol est calculée par lui à 22 fr., 55 c., pour la première et à 6 fr.,
36 c., pour la seconde. Il aurait fallu payer le sol 100 fr.
le mètre carré, par exemple, si la gare avait été établie
aux abords de la place de la Bastille, 300 fr., le mètre
carré si elle avait été sur le boulevard Saint-Martin,
500 fr., sur le boulevard Montmartre, 1,000 fr., sur la
place Vendôme. Voilà comment se manifeste l'influence
des emplacements, et non en faisant entrer en ligne de
compte la valeur des cour qui n'existent pas.

Quai à coke et quai pour le chargement des bestiaux.

L'expert de l'Administration insiste sur la nécessité
de comprendre dans la valeur locative imposable celle
de ces quais, attendu, dit-il, qu'ils sont pavés et qu'il y a
de la maçonnerie. Mais y a-t-il des hangars, une toiture?
Il faut se référer au cahier des charges qui ne soumet la
surface des terrains occupés par le chemin de fer et par
ses dépendances qu'à la contribution foncière, et qui ne
soumet à toutes les contributions que les bâtiments et les
magasins. Or, ces quais rentrent dans la première catégorie. Ils ne sont passibles que de la contribution foncière
au taux de celle des terres labourables de 1re classe. C'est
celle qu'ils paient aujourd'hui. Il n'y a rien à ajouter.

Valeur du sol.

L'expert de l'Administration a trouvé un moyen assez ingénieux pour atténuer l'erreur dans laquelle il est tombé, en prenant pour base de ses évaluations du revenu net imposable la moyenne du prix d'acquisition des terrains qui avait été établie, dès le principe, par les deux experts. Les premiers terrains, dit-il, ont été achetés en 1848. Leur valeur a augmenté de 1848 à 1852, époque à laquelle ont été faites les évaluations cadastrales. Il en conclut qu'il faudrait, pour ce motif, faire subir un rehaussement aux prix d'acquisition. Mais, dit-il, le projet de construction du chemin de fer a accéléré les progrès de l'augmentation. Aussi, au lieu de porter à 15 fr. 62 c. le prix du mètre carré pour la gare de Paris, on pourrait ne le porter qu'à 13 fr. 47 c.; au lieu de le porter à 7 fr. 55 c. pour la gare de Bercy, on pourrait ne le porter qu'à 6 fr. 95 c. Les évaluations sont faites sur le prix de 12 fr. 32 c. pour la première, et de 6 fr. 91 c. pour la seconde. Ils sont donc au-dessous des chiffres que j'ai portés, de 1 fr. 15 c. pour la gare de Paris, et de 4 c. pour celle de Bercy.

Je le répète, c'est un aveu de son erreur que fait l'expert de l'Administration. Seulement, il en atténue la portée, en faisant voir, qu'en dernière analyse, en se plaçant à son point de vue, elle est avantageuse à la Compagnie.

Quant à l'expert de la Compagnie, il n'a rien à changer à ses évaluations de la valeur locative, parce que, étant basées sur des principes fixes, elles sont à l'abri des variations que peuvent leur faire subir des circonstances telles que celles qui ont amené l'expert de l'Administration à faire une nouvelle évaluation de la valeur du sol, en ce qui concerne la contribution foncière. Ces principes sont simples, et si on veut sortir de la routine ordinaire, car ces terrains, qui sont dans une position tout à fait exceptionnelle, ne sont pas soumis aux règles ordinaires, on comprendra facilement ces principes, qui sont la conséquence d'un examen attentif de faits économiques.

C'est la concurrence, l'empressement qu'on met à rechercher les terrains à bâtir, soit à cause du quartier dans lequel ils sont placés, soit parce que le percement de nouvelles rues, de boulevards, augmente la circulation sur ces points et permettra d'y établir des hôtels splendides ou des maisons de commerce, que fréquenteront de nombreux acheteurs, qui font augmenter la valeur des terrains, et, par suite, la valeur locative des maisons et des établissements de toute nature qui y sont construits. Rien de pareil n'existe pour les terrains des chemins de fer. Ce sont des biens de main-morte, qui se trouvent placés en dehors de la circulation. On ne peut plus les vendre pour réaliser les bénéfices qu'ont donnés à leurs propriétaires les terrains environnants. Ils sont condamnés à recevoir à perpétuité la destination pour laquelle ils ont été achetés. Par conséquent, leur valeur locative doit rester ce qu'elle était au moment de l'acquisition, car ils n'ont pas pu, ils ne peuvent pas profiter de l'augmentation que la concurrence et des demandes réitérées ont fait subir aux terrains limitrophes.

L'expert de la Compagnie doit donc à la solidité des principes sur lesquels il a basé ses évaluations de n'être pas obligé de modifier celles qu'il a faites en ce qui concerne la contribution foncière. La partie du sol de la gare achevée en 1848, doit entrer dans les évaluations de 1852

avec la valeur locative de 1848, qui reste et doit rester
invariable, ainsi qu'il l'a soutenu dès les premiers jours
de l'expertise, et que cela a été consigné dans le procès-
verbal de cette opération.

Valeur locative de la maison n° 20.

Un mot maintenant sur la maison n° 20, dont l'évaluation, faite par comparaison avec des maisons semblables,
a été portée à une valeur locative de 2,300 fr., à laquelle
l'expert de l'Administration a fait une addition de 713 fr.,
qu'il explique péniblement, pour la porter à 3,013 fr., et
arriver ainsi au chiffre résultant de l'application de son
taux de 6 p. 100.

Le chiffre de 2,300 fr. est consigné sur un état signé
par les deux experts et qui comprend la valeur locative,
établie par voie de comparaison, de tous les bâtiments
occupés par des employés ou par des bureaux. Cet état
fait partie du dossier. Ainsi, il n'y a pas, je pense, à revenir là-dessus.

Écuries de la maison de la traction.

Ajoutons encore un mot pour les écuries de la maison
de la traction n° 44, dont la valeur locative est portée à
3,000 fr. L'expert de l'Administration dit, dans son premier rapport, que ces écuries ont servi à un usage quelconque et qu'elles doivent entrer dans la valeur locative
imposable à la patente.

Ce n'est pas avec cette légèreté que de telles questions
doivent être résolues. Il ne suffit pas de dire, tel bâtiment
a servi à un usage quelconque; donc, il doit être imposé.
Il faut préciser l'usage auquel il a servi : un usage quel-

conque veut dire que ces écuries n'ont servi à aucun usage, qu'elles n'ont pas été utilisées, et c'est pour ce motif que je soutiens, avec l'expert de la Compagnie, qu'elles ne doivent pas être imposées à la patente pour 1861.

Conclusion.

Je le répète, le grand tort de l'expert de l'Administration est d'avoir voulu faire son travail sans l'appuyer sur les lois, sur les arrêts du Conseil d'Etat, sur les instructions de l'Administration, sur les dispositions du cahier des charges, qui régissent ces matières, et en se basant sur son seul raisonnement. Il est certainement très-à même de bien faire l'évaluation de la valeur locative de la gare; et, s'il la recommençait, en prenant pour base de son travail tous les actes officiels que j'ai invoqués, et dont il n'a tenu aucun compte, et en se pénétrant de la position tout à fait exceptionnelle dans laquelle sont placés les terrains et les bâtiments des gares de chemins de fer, il arriverait à des résultats tout à fait différents de ceux qu'il a obtenus.

FIN.

TABLE DES MATIÈRES

FIN DE LA TABLE

VERSAILLES. — IMPRIMERIE CERF, RUE DU PLESSIS, 59

VERSAILLES. — IMPRIMERIE CERF.